中国劳动关系学院

全国工会教材出版中心

工会社会工作简明教材

吴建平◎主编

中国工人出版社

图书在版编目（CIP）数据

工会社会工作简明教材 / 吴建平主编. —北京：中国工人出版社，2017.5
ISBN 978-7-5008-6705-0

Ⅰ. ①工…　Ⅱ. ①吴…　Ⅲ. ①工会工作—社会工作—中国—教材　Ⅳ. ①D412.6

中国版本图书馆CIP数据核字（2017）第124004号

工会社会工作简明教材

出 版 人　芮宗金
责任编辑　张振宇
责任校对　孙迺伟
责任印制　栾征宇
出版发行　中国工人出版社
地　　址　北京市东城区鼓楼外大街45号　邮编：100120
网　　址　http://www.wp-china.com
电　　话　（010）62350006（总编室）（010）62005039（出版物流部）
（010）82075935（工会与劳动关系分社）
发行热线　（010）62004002　（010）82081553（传真）
经　　销　各地书店
印　　刷　北京市密东印刷有限公司
开　　本　700毫米×1000毫米　1/16
印　　张　12.75
字　　数　165千字
版　　次　2017年6月第1版　2020年12月第2次印刷
定　　价　32.00元

目 录

第一章　社会工作概述

第一节　社会工作的含义

2006年《中共中央关于构建社会主义和谐社会若干重大问题的决定》中做出了“建设宏大的社会工作人才队伍”的战略部署，专业社会工作的发展进入了国家视野。2015年“社会工作”一词更是首次被写进政府工作报告，李克强总理明确提出“加强和创新社会治理”，并指出要“支持群团组织依法参与社会治理，发展专业社会工作、志愿服务和慈善事业”。在此背景下，社会工作逐步发展成为热门专业。但直到现在，社会上不少人仍对社会工作不太了解，因此我们有必要对社会工作的概念、性质、历史发展及价值观等内容进行简单介绍。

一、社会工作的概念

社会工作（social work）作为一种专业与职业发源于欧美发达国家，目前在西方国家已成为一种有效应对社会问题的制度化方法，也是一种参与社会建设的重要手段。

从历史发展来看，社会工作与人类慈善事业有很深的渊源，这导致现在还有不少人认为社会工作仅仅等同于做义工，去救助社会上需要帮助的人。诚然，社会工作的目的是要“助人”，但是，现代社会工作与慈善或公益事业却并不相同。

公益慈善主要是对穷人、病患、残障人士等救助对象直接进行金钱或物质层面的帮助，是施助者对受助对象表示同情或给予实际上的援助。尤其早前基于宗教迷信或同情观念的慈善，是施助者对社会少部分“不幸分子”的帮助，其中不乏包含“怜悯”的概念，且赠送何物、赠与不赠或赠送多少，更多的是凭着施助者的意愿，受助者没有要求之权利。而社会工作则不然，它是“站在科学的立场，摒除‘报应’的观念，对于全社会弱势群体的救助以及对社会生活环境的改善，认为是应尽的责任或义务，同时，受助者亦有要求救济之权利”①。也就是说，社会工作中的助人行动需要切实理解服务对象的具体处境，要站在服务对象的角度帮人之所需，根据每个服务对象的不同情况和不同需求有针对性地提供帮助。另外，与传统的公益慈善不同，社会工作不再停留于消极地提供救济，更在于对各种社会问题尚未形成之前就有计划地进行事先预防，防患于未然。

在西方国家，社会工作起初是服务于社会上部分处于弱势地位的群体如老年人、妇女、儿童等，是对困难个人及其家庭进行救助与保护，后来又扩展至减缓如贫困、犯罪等社会问题给社会带来的影响。此外，社会工作的工作范围已延伸至所有社会成员，它还有责任对普通社会成员、社会团体的生活环境进行改善，并预防各种社会问题的发生。因此可以说，在这个过程中，社会工作的服务范围、工作方法等都得到了长足的发展，而这也为社会工作带来了丰富的内涵。

联合国于1960年出版的《国家社会服务方案的发展》中，更倾向于把社会工作作为一种与服务对象及社会环境之间的互动，认为社会工

① 言心哲：《现代社会事业》，河北教育出版社2012年版，第16页。

作是协助个人及其社会环境，以使其更好地相互适应的活动。美国社会工作人员协会（NASW）为社会工作下定义时，强调社会工作是一种专业活动："社会工作是一种帮助个人、小组、社区增强或恢复社会功能并创造有利于实现这一目标条件的专业活动。"①

而在中国，不同学者对社会工作的界定有所不同。比如，言心哲认为社会工作是一种解决社会问题的方法，它"运用现代科学的知识与方法，办理各种社会救济事业，以免除个人当前的痛苦及解决社会当前的问题，消极地减少各种社会病态。同时，注意社会生活的改进，积极地预防各种社会病态的产生。其主要目标在调整个人及社会生活的共同关系，增进大众福利"②。张乐天把社会工作当作一种制度，认为社会工作是一种以助人为宗旨，运用各种专业知识、技能和方法去解决社会问题的专门职业，是确保现代社会和谐稳定的重要制度。③ 王思斌则从助人实践的角度提出，社会工作是以利他主义为指导、以科学的知识为基础，运用科学的方法进行的助人服务活动。④

在本书中，我们使用2014年国际社工联会员大会对社会工作概念的新定义："社会工作是以实践为基础的职业，是促进社会改革和发展、提高社会凝聚力、赋权并解放人类的一门学科。社会工作的核心准则是追求社会正义、人权、集体责任和尊重多样性。基于社会工作、社会学、人类学和本土化知识的理论基础，社会工作鼓励人们和各类机构应对生活挑战和改善福利。"⑤

---

① 转引自王思斌：《社会工作导论》，高等教育出版社2004年版，第8页。

② 言心哲：《现代社会事业》，河北教育出版社2012年版，第11页。

③ 张乐天主编：《社会工作概论》，华东理工大学出版社2007年版，第7页。

④ 王思斌主编：《社会工作概论》，高等教育出版社2006年版，第12页。

⑤ 彭迪：《国际社工联：重新定义社工》，《社会与公益》2014年第8期。

二、社会工作的性质

从上述几种对社会工作的定义可以看到，不同的专家学者在对社会工作进行概念界定的时候，有各不相同的侧重点，无论从何种取向出发，他们都认同社会工作的本质在于“助人”。在此基础上，它还包括以下性质：实践性、专业性和制度性。

（一）社会工作的实践性

无论从社会工作的起源看，还是对长久以来社会工作的发展历程而言，社会工作都毫无疑问地拥有实践属性。可以说，实践性是社会工作的基础性质，如果离开了实践，社会工作的助人性质也就无法实现了。而所谓的实践（即实务），指的是人们参与改变任何事物的活动，社会工作实务就是社会工作者在科学理论的指导下，运用社会工作方法帮助受助对象的活动。①

首先，社会工作从其发展历史上就具有实践性。最初的社会工作者是在济贫、扶危、解困和救难方面的志愿者。而社会工作源于慈善事业，是出于宗教信仰的要求及对个人道德上的自我完善的需求而进行的助人活动，而后又逐渐演变成消极的社会救济，再从消极的社会救济发展成为积极的社会福利。在这个过程中，社会工作始终致力于为受助者提供服务，让受助者获得照顾。

其次，社会工作的实践性体现在其服务过程中。在社会工作逐渐得到完善后，它成为一种具有科学性的助人活动，有一套专业的助人方法，它拥有完整的助人过程，包括对受助者的筛选、接纳、需求评估、具体干预以及对整个服务活动的评价。对于社会工作而言，受助者所需的资源可能是各种各样的，因此在这个过程中社会工作者要收集、组

---

① 王思斌：《社会工作导论》，高等教育出版社 2004 年版，第 14 页。

织、协调受助者所需的各种物资、机会、社会关系以及社会政策，链接各种资源以达到最终的助人目标。

（二）社会工作的专业性

伴随着社会工作一直以来所坚持的服务实践发展，业界对于社会工作是否属于一门专业展开过激烈的讨论。1915 年，弗莱克斯纳认为当时美国的社会工作尚不具备专业的特征，但此后不久，1917 年里士满在其所著的《社会诊断》一书中则正式提出了“个案工作”一词，认为个案工作是一种社会工作的专业方法，由于这是首次把助人的工作加以研究讲授，因此这通常被视为专业社会工作的开端。直到 20 世纪 30 年代，由于受到弗洛伊德的精神分析理论的影响，社会工作开始引入“心理社会诊断”（psychosocial diagnosis）以及“心理社会治疗”（psychosocial therapy），自此以后，社会工作越来越专业化。

1957 年格林伍德在《专业的属性》一书中对“专业”的特征属性进行了如下规定：（1）拥有为社会所珍视的独特技能；（2）对开业者长期的、专门化训练的期待；（3）拥有这种训练赖以进行的系统理论基础；（4）存在着指导实践的伦理法典；（5）存在着保护其成员利益的专业协会组织。[①] 根据格林伍德对于专业属性标准的规定，社会工作的发展水平虽然在当时尚处于不成熟阶段，但已基本拥有了作为一门专业应该具备的特性。而到了现在，一系列的实践证明了社会工作是符合上述属性和标准的。因为它有一套系统化的知识体系，这一知识体系是被正式大学所认可和接受的；它有一套志在振兴社会工作专业的伦理法典来约束其从业者的行为；它有自己的专业协会组织，这种组织不仅是地方的、国家的，而且还是国际的；它有一系列与案主打交道的技能；同时它有独特的人文情怀和人本文化作为其价值理念的根基。所有这些

---

① 夏学銮：《社会工作的三维性质》，《北京大学学报》2002 年第 1 期。

属性，都为社会工作贴上了专业的标签①。在西方，经过长期的实践和积累，社会工作早已形成了个案工作、小组工作、社区工作等专业的方法，有效地进行社会工作实践，整个社会工作的发展内涵极其丰富，早已成为一种集知识、能力、关系、沟通方式于一体的专业。

而在中国，由于长期实行计划经济，许多社会问题都依靠政府的行政手段或通过行政渠道进行解决，所以在很长一段时间内，中国似乎都没有将社会服务从体制内分化出来的必要。正因如此，我国长期以来所实践的社会工作都被打上了行政化的烙印，缺乏一定的专业性。但是从2006年以来，“社会工作”一词屡次出现在国家的各大会议、文件、报告中，社会工作在政府的支持下获得了快速的发展。在这段时期，社会工作的教育水平不断提高，教育规模在不断扩大，社会工作的相关制度也逐步建立起来并不断完善。与此同时，2008年国家也开始举办专业的社会工作师职业资格水平考试。这些变化表明，我国社会工作的发展正在逐步朝着专业化的道路前进。

（三）社会工作的制度性

首先，社会工作的制度性体现在它是社会福利制度的重要组成部分。社会工作是社会福利的传送体系，社会福利中的资源和服务都要通过社会工作者传递到服务对象手中②。社会工作在其长久以来的发展中始终致力于实现社会福利、社会进步和社会正义，它是人们为了应对工业革命带来的一系列社会问题而进行的制度化的解决方式，与社会福利有十分密切的联系，无论是涉及人的基本生存问题，还是遇到尚未达到危机生存程度的困难，社会工作促进人类社会的福利的实现，并关注那些由于社会发展、变迁而引发的社会问题及由此产生的新的社会需求。

---

① 夏学銮：《社会工作的三维性质》，《北京大学学报》2002年第1期。
② 于晶利主编：《社会工作概论》，山东人民出版社2012年版，第59页。

正是从这种意义上来讲，社会工作属于社会福利制度的范畴，是社会福利的传送体系。夏学銮也曾提出过：“在社会福利的三个层次，即制度、机构和项目中，都需要专业社会工作人员的参与，通过社会工作的个案、群体、社区和行政方法，使社会福利制度的目标、任务得以贯彻落实。”①

其次，社会工作的制度性还表现为它是大学教育制度的组成部分。综观国际上的社会工作教育，社会工作和社会福利制度二者密不可分。许多社会工作教育机构干脆自称为社会福利学院，如加利福尼亚大学（伯克利）社会福利学院、布朗戴斯大学赫勒社会福利学院等；大部分社会工作教科书都以“社会工作和社会福利导论”为书名；就连它的最高博士学位也要用“社会福利”来界定；其高级专业实践也是在社会福利方面进行的高级研究。因此，从教育制度的角度而言，其制度性质与其专业和实践性质是完全一致的。②

最后，社会工作在实践中还会影响制度的变革。它能通过社会立法、社会政策的制定、社会行政、社会工作研究与咨询，从社会环境入手解决关系全社会大多数人利益的全局问题。除此之外，社会工作者还通过建议修改原有政策来追求社会公平，并在客观上达到维持社会秩序的效果。③

第二节　社会工作发展简史

社会工作的发展过程，就是人类社会对社会变迁与发展过程中遇到

① 夏学銮：《社会工作的三维性质》，《北京大学学报》2002年第1期。
② 同上。
③ 康俊英主编：《社会工作概论》，内蒙古大学出版社2013年版，第9页。

的困境和需要的回应过程。而根据各个国家不同的政治、经济、文化发展局势，社会工作的发展历程也不尽相同。本节主要介绍工业革命以来西方国家社会工作的萌芽、专业社会工作的发展与成熟，以及近代中国社会工作的发展。

一、工业革命以来西方社会工作的萌芽阶段

社会工作起源于西方欧美国家，它的产生源于近现代社会的发展进程。这与西方社会的整体发展环境有很大的关联：首先，欧洲的思想传统为社会工作的发展提供了深厚的理论基础，为社会工作专业所主张的利他主义、社会正义等提供了深厚的文化土壤；其次，英国工业革命及其引发的经济问题和社会问题成为直接推动社会工作专业化发展的巨大力量；最后，宗教团体和政府所开展的一系列扶贫济困的活动，为社会工作的持续发展提供了最直接的实践基础。

（一）《伊丽莎白济贫法》（1601 年）

在中世纪，教堂在施舍救济和帮助贫困不幸者的方面扮演了非常重要的角色。修道士和修道院为穷人、残疾人及其他不幸者提供服务，给予关怀。修道院为流浪者、士兵、行乞者提供实物和房屋，还为有需要的人提供医疗条件；修道士和修女还照顾孤儿与被遗弃的儿童。

工业革命开始后，英国成了遭遇近现代社会问题最早的国家，工业化及城市化的进程造成了英国农村的破产，由此引发了大量的失业人群和贫困人口的出现，城市贫困问题也较为严重。再加上宗教改革使得大量的教会被解散，过去依靠教会济贫的贫民失去了容身之所，因此英国只能调整原有的济贫方向。

在这一过程中，开始出现了针对济贫的立法。亨利八世于 1531 年和 1536 年制定的两部济贫法成为英国真正意义上的济贫立法的开端，而后英国女皇伊丽莎白先后颁布了两部济贫法案，一部是 1572 年的济

贫法案，其中曾规定限制无业游民流浪，并为贫民筹建救济院；另一部则是1601年颁布的举世闻名的《伊丽莎白济贫法》，这在当时被称为最完备的济贫法案。它正式承认政府有济贫职责，并初步建立了社会救济制度与救济工作方法。该法提出了帮助穷人的系统性计划，还建立了发挥服务作用的公共职责体系，如规定地方教区须为所在地居民充实救济经费；为不能工作者及儿童准备粮食；为体力健全者准备工作。

这部济贫法明确了政府对无力供养自己的人富有救济义务，奠定了政府主持社会救济的基础，成为各国社会救济的依据，对后来世界各国社会救济法规的建立和贫民救济事业的发展产生了重大影响。从政府的参与、专人的负责、院外救济的实施，都可以看到隐含于其中的社会工作的观念与方法[①]。

（二）慈善组织会社[②]

慈善组织会社（Charity Organization Society）于19世纪末20世纪初盛行于英美。当时英国一方面由于济贫法办理未尽妥善；另一方面也由于工业革命影响所及，失业情形多见，社会开始特别关注贫民，各种具有不同目标的慈善组织纷纷成立，征募捐款，救济贫民。

1868年，英国牧师亨利·索里在伦敦建议成立慈善组织会社。1869年第一个慈善组织会社在伦敦正式成立，该会接受托马斯·查莫斯（Thomas Charmers）的理论，认为个人应对其贫穷负责，接受公共救济将会摧毁贫民的自尊心、进取心与道德观念，最终使他们依赖救济维生；主张贫民应尽其所能地维持本人的生活。自伦敦慈善组织会社成立以来，英格兰及苏格兰的其他大城市也纷纷群起模仿，其影响力甚至传到了美国。在美国，随着工业化、城市化进展的加快，出现了移民

① 李莉、李金红主编：《社会工作导论》，中国人民大学出版社2014年版，第24页。

② 李增禄：《社会工作概论（修订六版）》，巨流图书股份有限公司2010年版，第16-18页。

潮，各种社会问题也不断涌现。1877 年，一位曾到过伦敦且对慈善组织会社有所了解的美国牧师哥尔亭（Gurteen，Reverend S. H.）在水牛城成立了美国的第一个慈善组织会社，其后六年内，美国成立慈善组织会社的城市达到了 25 个。

慈善组织会社的目标，除了有效救济贫民以外，还力求避免救济机关之间经费浪费、相互冲突以及工作上的重复现象；并强调对个人或家庭需要予以"调查"，以保证所提供的经济救助是给予那些"值得救济的贫民"，以及最有可能成为自立自助、能维持自己生活的申请救济者，至于那些"不值得救济的贫民"，则被强迫在救济院或习艺所中改变他们的生活方式。

总之，慈善组织会社对于社会工作专业化的建立有极大的贡献。一方面，他们派友善访问员（friendly visitor）访问申请救济者，以了解其社会背景并确定应采取的措施。友善访问员在调查后，根据求助者的不同情况，分别予以处理。这种强调"个案化"的方式最终促使了社会工作中"个案工作"的产生；另一方面，他们促进了各救济机构、慈善组织在解决社区问题时采取协调合作的步骤，也为社区组织工作的发展奠定了基础，使社会工作迈进了现代化与专业化的道路①。

（三）睦邻组织运动（1884 年）

睦邻组织运动或称社区睦邻运动（the social settlement movement，settlement & neighborhood centers），即社区改良运动，以 1884 年英国伦敦东部圣犹太牧区牧师巴涅特（Barnett）创设的"汤恩比馆"（Toynbee Hall）为标志。巴涅特是英国圣公会的牧师，他在伦敦最残破的地区将其所属的教区教堂改成邻里中心，邀请就读于牛津、剑桥大学的学生一同为该地的贫民服务，与贫民共同生活，切身感受贫民的生活情形并研

① 李增禄：《社会工作概论（修订六版）》，巨流图书股份有限公司 2010 年版，第 18-19 页。

究对策。当时牛津大学的经济学讲师汤恩比与巴涅特志同道合，全身心投入共同的济贫事业中，但不幸的是汤恩比因肺病于 1883 年逝世了，年仅 30 岁。巴涅特为了纪念友人伟大的献身精神，于 1884 年在该郊区建立了社区睦邻服务中心，并取名为“汤恩比馆”。

自汤恩比馆成立后，睦邻组织运动迅速向各地推展，其中美国最为发达。美国最初的睦邻组织也都是因创办人亲眼见证汤恩比的事迹并深受感动，在各自回国后所创立的。美国第一个睦邻服务中心是考伊特（Stanton Coit）于 1886 年在纽约创立的睦邻公社。考伊特认为睦邻公社的基本理念是“不论宗教信仰为何，不论居住在哪条街道，所有的人，包括男性、女性、儿童，都需要自行组成各种社团或跟其他邻里结盟，共同从事家庭、产业、教育、休闲等各项改革，这是一种社会理想，而且是合作理念的具体表现”。

睦邻组织运动对整个社会工作的发展具有重要的意义，具体可以归纳为以下几点：

1. 说明社会工作的目的在于追求个人与社会生活的改善，工作方式应从个人与社会两个方面同时入手。

2. 社会工作应随时依据社区实际需要计划工作，并应发动、组织或配合社会力量共同工作。

3. 社会工作应以整个社区为工作对象，并应以促进全面的社区福利为目的。

4. 社会工作进行的方法，不仅可运用社会个案工作方法，还发展了团体工作和社区工作两种工作方法。

总之，睦邻组织运动为社会工作提供了新的服务工作方法，也将社会工作的专业化发展带入了一个新的纪元。

二、西方社会工作的发展与成熟

从英国早期的济贫立法，到后来的慈善组织会社与睦邻组织运动，社会工作作为一个专业，发展初露端倪，而专业的社会工作方法是在社会工作实践中不断得以理论总结的。社会工作从一项志愿的助人事业发展到一个独立专业，一方面是因为个人与社会需求的推动；另一方面是因为随着社会工作者的专门化，他们也在不断地努力推进自身的专业化进程。

（一）专业方法和理论

19 世纪末到 20 世纪初，社会工作专业从相关学科中吸收了大量的知识，一个要求有系统的服务体系、服务人员须有一定的方法和技巧、追求服务效果的现代社会工作专业逐步形成了。1898 年里士满出版的《贫民中的友善访问》（*Friendly Visiting Among the Poor*）成为社会工作理论总结的开端。

1917 年，里士满出版了《社会诊断》，创立了个案工作的社会诊断模式。该书被看作社会工作专业的里程碑，标志着专业社会工作的诞生，社会个案工作也作为一种专业方法被社会工作者普遍接受。

小组工作于 20 世纪 20 年代开始被纳入社会工作课程中。1935 年全美工作会议增列小组工作部门，直到 1946 年在水牛城举行的全美社会工作会议，小组工作才正式成为一种社会工作方法。

到 20 世纪 50 年代，社区工作也成为社会工作专业的基本方法。20 世纪 70 年代后，社会福利行政及社会工作研究逐渐受到社会工作界的重视。进入 20 世纪 80 年代，社会工作的理论和方法日趋多元化，整合性的社会工作、综合性的工作方法成为主流，社会工作也日益趋向高度专业化①。

（二）社会工作教育

20 世纪初到 20 世纪中叶，随着西方国家各类社会工作协会及教育

① 李莉、李金红主编：《社会工作导论》，中国人民大学出版社 2014 年版，第 31-34 页。

审判会的成立，社会工作教育逐渐抽象出了以个案工作、小组工作和社区工作构成的三位一体的课程体系①。20 世纪 50 年代中期后，美国有 11 个社会工作学院宣告成立，开始讲授统一的社会工作理论和实务，这反映出当时社会工作正努力地将分割的理论与具体事务综合起来。在这个阶段，社会工作教育获得了长足的进步，并在此后的数十年里不断巩固发展②。

（三）社会工作专业组织发展

20 世纪初，欧美一些专业领域的社会工作组织纷纷成立。1917 年美国社会工作者交流组织扩大为美国社会工作者协会；1918 年建立了美国义务社会工作者协会；1919 年又成立了美国学校社会工作者协会；1955 年为了协调不同的专业组织，美国成立了美国社会工作协会，从 1974 年起，该协会更积极地参与到影响政府政策的制定中，使社会工作专业得到了政治力量的支持。这些专业组织的建立标志着社会工作专业的成熟。

三、近代中国社会工作的发展

（一）我国社会工作教育的发展历程

我国社会工作教育起始于 19 世纪后期现代高等教育传入之后。鸦片战争后，不少有识之士向西方寻求救国救民的道理，其中包括考察英国和欧洲的社会福利制度。现代教育作为现代化的组成部分也得到了政府和社会的认可，于是，各类新学得以建立③。

沦为半殖民地半封建社会后，西方（特别是美国）的宗教大量涌入中国，并对我国的社会生活产生了不容置疑的影响。20 世纪 20 年代

① 康俊英主编：《社会工作概论》，内蒙古大学出版社 2013 年版，第 14 页。

② 李莉、李金红主编：《社会工作导论》，中国人民大学出版社 2014 年版，第 35 页。

③ 王思斌、阮曾媛琪、史柏年：《中国社会工作教育的发展》，北京大学出版社 2014 年版，第 7 页。

始，一些西方传教士在我国开办社会服务，并在一些大学讲授社会服务等课程。到20世纪30年代初，中国已有十余所大学开设社会学系，其中燕京大学、沪江大学、金陵大学等高校的社会学系均分设社会工作专业或开设社会工作课程，并各自设有社会工作实验基地。各大学不仅注重社会学及社会工作的教学、实验、研究工作，同时还设立社会工作训练班，以培训各地社会工作者。①

在此阶段，一些受西方社会科学思想影响的知识分子也开始在我国开展社会救济和社会福利活动，如梁漱溟推行的乡村建设运动、晏阳初主持的河北定县贫民教育实验区、李景汉进行的社会调查工作等，都为我国社会工作的发展起到了巨大的推动作用。

但是新中国成立后，由于受苏联影响，对社会学和社会工作学科存在认识上的偏差，在1952年实行的全国院系调整中，社会学、社会工作学科和相关教育被取消，专业化的社会工作被迫中断。直到1979年初，时任中国社会科学院院长的胡乔木约见费孝通教授，商谈尽快恢复中国社会学事宜，这才为社会工作教育的重建准备了条件。雷洁琼在1979年第一期社会学讲习班的讲课中就指出，社会工作就是运用社会学的理论和方法从事社会福利事业，解决社会的具体问题。社会工作成为一种专业，必须经过专业培训。随着社会发展的需要，为社会服务的福利机关将逐步增加，并不断改进完善和提高组织管理水平，这就需要有专业知识的社会工作者②。

1987年民政部为了推动社会工作的发展，在北京举行了社会工作教育论证会，确认了社会工作的学科地位，1988年，国家教委批准北京大学、中国人民大学、吉林大学等高校设立社会工作与管理专业，至

---

① 张乐天：《社会工作概论》，华东理工大学出版社2007年版，第31页。

② 王思斌、阮曾媛琪、史柏年：《中国社会工作教育的发展》，北京大学出版社2014年版，第18页。

此，我国社会工作教育才走上重建之路，社会工作本土性的专业价值体系、理论体系、工作方法也日趋完善。截至2014年年底，中国大陆地区共有70多所高职院校设立了社会工作专科，310所高校设立了社会工作本科，104所大学开展了社会工作专业硕士（MSW）教育。[①]

（二）社会工作专业组织的发展

在社会工作教育不断发展的同时，社会工作在专业组织方面也有了长足的发展。1991年7月5日，中国社会工作者协会在北京人民大会堂宣告成立，并于1992年正式加入国际社会工作者协会。可以说，社会工作者协会的成立，为社会工作专业在中国的发展奠定了制度性的基础。

中华慈善总会、中国SOS儿童村协会等全国性公益民间组织也先后成立，并建立了大量老年人社会福利院、残疾人社会福利院、儿童社会福利院、社区服务中心、光荣院、军休所等服务机构。此外，国家相继出台了《关于加快实现社会福利社会化的意见》《关于加强和改进社区服务工作的意见》等一系列政策文件，为社会工作职业化发展提供了广阔的舞台和组织空间。

另外，在这一阶段，专业的社会组织的蓬勃发展也促进了我国政府购买社会工作服务的产生。从2000年开始，上海、广州、深圳、北京等地政府纷纷开始向社会工作机构购买专业服务，收效甚好。作为政府职能转移的新型方式，政府购买公共服务成为推动政府管理体制改革和政社合作的重要内容，同时也推动了我国社会工作专业组织更进一步的发展。

---

① 数据来源于文军、刘昕：《近八年以来中国社会工作研究的回顾与反思》，《华东理工大学学报（社会科学版）》2015年第6期。

第三节　社会工作的价值观

社会工作价值观是社会工作的基础，是社会工作者的精神动力，社会工作的专业价值体系对于社会工作具有统率作用，如果没有价值体系的指导，社会工作就无从谈起。

一、社会工作价值观的含义

价值观从一般意义上来说，是指“一些内在的需要”或“偏爱的事物”。社会工作中的价值概念属于哲学范畴，是对社会中一些是非、善恶、真伪和美丑的判断或评价。①

具体说来，社会工作的价值观是指一整套用以支撑社会工作者进行专业实践的理念和判断。它包括社会工作者对助人活动的看法、对自己和服务对象的看法。社会工作价值观源于西方的宗教思想和工业文明的发展，因此它十分注重个人的价值和尊严，以新教伦理、人道主义、实证主义、乌托邦思想为哲学基础，以利他主义为核心，以保护人的生命为第一原则，充分体现了热爱人类、服务人类、促进和平、维护正义和改善人与社会环境关系的理想追求，成为社会工作者专业实践的精神标准。②

二、社会工作价值观的内容

作为社会工作的灵魂，价值决定了这一专业的特殊性质与特殊地位。对西方社会工作自身所遵循的一套价值体系，有不少学者都做过归

① 李莉、李金红主编：《社会工作导论》，中国人民大学出版社 2014 年版，第 11 页。
② 同上。

纳，这里介绍几种广为引用的观点。

（一）戈登（W. E. Golden）对社会工作价值的归纳

1965 年，戈登提出，社会工作实务的价值体系应包含如下六条基本内容[①]：

1. 个人应当受到社会的关怀。

2. 个人与社会是相互依赖的。

3. 每个人对他人都负有社会责任。

4. 每个人除了具有人类共同的需要外，也具有独特而异于他人的需要。

5. 民主社会的基本特质在于每个人的潜能都能充分地实现，这同时也意味着个人应当通过社会参与而尽到其社会责任。

6. 社会有责任提供途径以消除个人自我实现的障碍，以便个人的自我实现。

（二）比斯台克（F. Biestek）对社会工作价值的归纳

比斯台克认为，社会工作的基本价值应包含以下九点[②]：

1. 人的潜能：人的潜能是不同的，社会工作者不仅应尊重每个人的尊严和价值，也应充分注重和发挥个人的潜能。

2. 人的责任：人有与生俱来的内在动力和责任，以发挥其潜能，实现社会功能，完成其自我实现。

3. 人的权利：人有选择的权利，以完成其自我实现。

4. 人的需要：所有的人都有其基本的人性需要。个人的和谐成长和基本需要的满足，依赖于社会提供的机会与保护。

5. 人的社会功能：人的社会功能对于个人的自我实现非常重要，社会工作者应促进每个人社会功能的发挥。

---

① 李迎生：《社会工作概论（第二版）》，中国人民大学出版社 2010 年版，第 71 页。

② 李迎生：《社会工作概论（第二版）》，中国人民大学出版社 2010 年版，第 71－72 页。

6. 社会的责任：社会有责任建立和维持公正、和平与秩序，并且创造和自我实现有关的条件与资源，以帮助个人自我实现。

7. 社会的权利：社会的发展与繁荣是个人参与的结果。社会有权利要求每一个人能人尽其力，社会工作将起到实际的促进作用。

8. 个人对社会的职责：每个社会成员在致力于自我实现的过程中都有义务对社会公益有所贡献。社会工作的任务在于促进案主的身心健康，使其对社会有所贡献。

9. 人的自我抉择权：人有自我抉择的权利。这是培养责任、促进成长和实现自我的必要途径。

（三）莫雷李斯（A. Morales）和雪佛（B. W. Sheafor）对社会工作价值的归纳①

莫雷李斯和雪佛提出了一整套完整的社会工作价值体系：

1. 对人的价值观

（1）每一个人不论贫富贵贱都有他与生俱来的价值与尊严。

（2）每个人都具有能力与动机去追求更美满的生活。

（3）每个人除了对自己要负责以外，也要想到社会上其他的人。

（4）每个人有人类共同的需求，也有独特的偏好与需求。

（5）人人需要归属，人人要互助成群，而非单打独斗。

2. 对社会的价值观

（1）社会必须提供机会让每个人发挥潜能，充实精神与物质生活。

（2）社会应提供资源与服务，以满足人们的需求，使人们免于饥寒、疾病、失学或受到歧视。

（3）让社会上的每个人有公平的机会，参与改善社会与创造新世界的工作。

---

① 李增禄：《社会工作概论（修订六版）》，巨流图书股份有限公司 2010 年版，第 46-47 页。

3. 对工作的价值观

(1) 相信所有的人均应受到关怀与尊重。

(2) 应使每个人拥有尽可能大的机会去决定其生活的方向与方式。

(3) 应协助每一个人与他人互助，共同建立符合他们需求的社会。

(4) 要认识到每个人都有他的独特性，不要用刻板的观念去对待。

三、西方社会工作价值观与中国本土文化的融合

社会工作专业是源于西方宗教实践并从工业社会中发展起来的一门助人自助的专业，它同西方社会的文化和价值理念有着不可分割的联系。经过一个多世纪的发展与变迁，社会工作专业已经跨越了国界，进入了不少发展中国家和地区。社会工作专业在中国的本土化发展，也是检验这门专业的价值伦理同当地社会文化与价值观契合的过程。虽然中西方文化差异较大，但在西方社会工作价值观与中国文化之间仍存在契合的可能性。

第一，关于社会工作专业的本质（终极）目标。中国文化强调人和社会以及人与人之间关系的和谐理念同西方社会工作强调促进社会整合的理念是一致的①。

第二，关于个人与社会的关系。中国文化虽然非常强调个人修养与家庭观念，但目前政府和社会也开始强调和重视社会对个人的重要性，主张社会对个人具有照顾责任。因此，在个人与社会的关系问题上，中国文化同西方社会工作价值存在共同的趋势。

第三，关于个人对他人的责任和互助。中国文化强调个人对家庭和亲属的责任，强调“推己及人”，这对促进公民责任意识的产生有重要意义。同时，中国现代政治文化强调社区互助与个人对集体和国家的责

① 李迎生：《社会工作概论（第二版）》，中国人民大学出版社 2010 年版，第 84-85 页。

任感，这些同西方社会工作价值强调个人对社会的责任的观点基本一致。

第四，关于人类的共同需求。人类的基本社会需求包括生理的需求、安全的需求、爱与归属感的需求、尊重的需求、自我实现的需求等。无论在西方还是中国，都存在这些基本的需要。

第五，关于个人的权利和社会参与。西方社会高度重视个人的基本权利，人与人之间比较独立，同时法制化的制度和民主政治环境又强化了个人参与和维护个人权利的意识。中国文化固然十分强调个人对集体、国家的忠诚与奉献，但近年来也开始重视个人权利的保护和民主参与。

第六，关于社会的理念。西方社会工作价值主张推进整体社会福利的进步和实现个人潜能的开发，这种理念与中国文化所推崇的实现“大同社会”与“和谐社会”的理念是一致的。

总的来说，虽然社会工作在我国的发展时间较晚，但近些年在政府的大力倡导下也有了迅速的发展。在这个过程中，中国社会工作的发展在把握外来的专业社会工作价值观、行为守则、道德困境和应对策略的同时，还利用西方社会工作价值与中国文化的契合性，逐渐形成了符合中华文化发展规律和专业服务价值特性的当代中国社会工作模式，并尝试将其运用于不同的领域中。

第二章　工会社会工作概述

第一节　工会社会工作的定义

一、工业社会工作的产生和意义

社会工作的专业技巧和方法常被运用于不同的领域，并相应地产生了各种针对生活某一特定领域的社会工作分支，如学校社会工作、家庭社会工作、医务社会工作等。与此类似，社会工作对工人及工作组织长久以来也予以关注。工作是个人生活中重要的一部分。它对一个人的自尊，经济福祉以及社会地位都有重要影响。个人在工作中所遇见的难题对自身有特殊的意义，甚至有时会通过一个人在家庭中或社区中遭遇的问题反映出来。同样，一个人的家庭问题也会传递给工作领域①。例如，家庭经济问题、酗酒问题、夫妻失和等，这些问题与一个人的身心健康状态息息相关，并会影响其工作效率，严重者会丢失工作职位。良好工作环境的设置可以帮助员工获得寻求帮助的渠道。对于这一观点，无论是管理者、劳工还是社会工作者都越来越表示赞同。这也启蒙了社

① R. Paul Maiden, "The Evolution and Practice of Occupational Social Work in the United States", in *Global Perspectives of Occupational Social Work*, R. P. Maiden (eds.), New York: Haworth Press, 2001, pp. 119-138.

会工作者运用专业的技术介入工作领域。

随着经济和科学技术的快速发展，工作环境日新月异，激烈的国际竞争、公司的重组合并、顾客的要求等因素都给员工在工作环境中带来了压力和挑战。工作本身的压力会为员工带来身心负担，如若员工的身心压力没有得到及时适当的疏导，困难问题没有得到关注和解决，长此以往，这也将会为雇主带来额外负担，如引起劳资冲突、较高的员工流动率、不良产品的增加等。另外，现代人对于工作组织内部生活品质的要求也越来越高，工作组织已在现代人的生活中扮演着重要的角色。工作中个人的人际关系可能为员工带来困扰，这其中包括与上司和工作伙伴的关系，不良的人际关系和冲突会导致员工的情绪压力。很多时候，员工所面临的问题并非个人独自可以解决，而是需要依靠专业的知识和技术。为了更好地提升员工在工作组织中的适应和工作质量，社会工作的专业技巧与工作组织相结合，发展出了工业社会工作。

工业社会工作又叫职业社会工作，简单地说即是运用社会工作的方法于工业界（企业界）与工会，以协助企业员工、工会会员及管理者解决个人与家庭的问题和困扰①。工业社会工作起源于欧洲发达国家，并在20世纪70年代开始在美国推行。我国台湾地区则始于20世纪80年代。国内外有多种关于工业社会工作的定义。

1. 古金斯（Googins）和戈弗雷（Godfrey）认为工业社会工作是一项实务工作，在这项实务工作中，社会工作者注意到工作环境中员工的人性和社会需求，并透过适当的方案设计与执行以维护员工的健康和良好的工作环境。

2. 林联章认为工业社会工作的发展是以专业知识和技术发掘工厂员工生活上、工作上的需求和困难，并运用厂房既有资源和社会资源来

① 苏景辉：《工业社会工作》，桂冠图书股份有限公司1989年版，第1页。

解决员工的各种调试问题，使之能安于工作而无挂虑，以稳定其生活、平衡其身心、发展其潜能，促进人力资源高度之发挥。

3. 林万亿认为工业社会工作是应用社会工作的专业方法实施于工业体系或工业机构（设施）中，透过工业社会工作人员与其他专家的协助，增进员工解决问题的能力，促进良好的工作适应关系，充实员工职业生涯的成就，提升合理而有效率的生产环境。

二、工会社会工作的产生和意义

工会社会工作最早的雏形诞生于以美国为代表的西方福利运动过程中。资方试图为工人提供各种生活和工作福利以提高工人工作的稳定性和生产效率。与此同时，工会也意识到资方的这些行为可能是在试图以福利取代加薪并阻止工人加入工会，这对工会活动的开展带来了一定程度的威胁。另外，工会也逐渐发现其传统的工作手段难以解决员工的问题和矛盾。在这一情况下，工会也主动引入社会工作的方法和技巧，产生了工会社会工作，以帮助员工解决生活和工作上的难题，并由此增加会员对工会的认同。实际上，工业社会工作和工会社会工作的工作内容有很多相重叠的部分，可以认为二者存在包含和被包含的关系。工业社会工作的主要对象是工业界的员工，实施的场所是与工作有关的各个组织，其中包括工厂、公司、工会等。相较而言，工会社会工作与工业社会工作的细微差别在于，其主要对象是员工的同时，更关注工会会员。此外，工会社会工作，顾名思义，以工会为主要实施场所，因此，一个工厂或者公司建立自己的工会是工会社会工作得以开展的前提。尽管存在这样细微的差别，工会社会工作和工业社会工作有共同的目的：提高生产力，稳定劳动力，增进员工福利以及协调劳资关系及工会与会员间的关系[①]。

参考工业社会工作的多种定义，工会社会工作可以被定义为工会社会工作者帮助员工和他们的家人处理有关社会功能和人际关系的问题所提供的专业服务。更具体地说，工会社会工作者使用社会工作专业技术以满足员工或工会会员的需求，并对组织提供更广泛的服务[②]。与工业社会工作相似，工会社会工作专业强调的是：（1）以社会工作的技术提升员工自我解决问题的能力；(2)将职业生涯的观念引进工作生活中，即将“职涯辅导”的观念整合至员工在组织内的工作发展中；(3)将社会工作专业方法应用于工会，以帮助劳资关系和生产环境的改良[③]。由此可知，工会社会工作作为工业社会工作的一部分是一个需要多重训练的工作领域，经常涉及职业心理健康，主要目标是促进工会会员在工作地点的生活品质。在内容上，和工业社会工作一样，工会社会工作关心的是加强个别案主的社会功能，同时借助一定的干预措施，增进整个工作群体的福利，以及促进他们和家庭及其他社会组织之间有效的社会支持和机会。

在美国和我国台湾地区，工商界使用社会工作服务的途径有多种。在美国，主要有三种途径：(1）工商企业组织聘用专任的社会工作者，在其企业组织内设立服务部；（2）工会聘用专职的社会工作者，为工会会员服务；（3）工商企业与私人服务机构订立契约，由该机构提供社会工作服务给员工。我国台湾地区推行工业社会工作的机构则有四类：(1）政府社会科（局）的劳工服务，如台北市“社会局”之工商社会工作；(2）“救国团”的工厂青年服务，包括各地团委会负责的劳

① Martha N. Ozawa, “Development of Social Services in Industry: Why and How?”, *Social Work*, Vol. 25, No. 6 (November 1980), pp. 464-470.

② 谢鸿钧：《工业社会工作实务——员工协助方案》，桂冠图书股份有限公司1996年版，第7页。

③ 徐震、林万亿：《当代社会工作》，五南图书出版公司1983年版，第481页。

工青年教育娱乐活动；（3）宗教团体的职工青年辅导，如天主教职工青年汇；（4）工厂自设的员工辅导。参考这些经验，我国工会与社会工作的结合主要可以通过两种途径开展：一是可以由工会聘用专职的社会工作者，为工会会员和有需要的员工服务；二是可以由工会采用项目制的方式，在各个社会工作服务机构间进行招标，由专门的社会工作机构为员工提供服务。

第二节　工会社会工作发展概况

一、工会社会工作在美国的起源

自工业革命以来，很多国家的工作组织都有过聘用社会工作者的情况。在一些国家中，这些社会工作者被称为福利秘书（Welfare Secretary）；而在另一些国家中，他们则被称为工业社会福利官员。欧洲和南美洲的一些国家很早就有工业社会工作，如法国、德国、荷兰、秘鲁、巴西等。工业社会工作在美国的推行虽然相较于其他国家更具有代表性和影响力，并经历了相对较长的产生和发展过程。

19世纪末，伴随美国工商业规模的日益扩大，资方和劳方的误解和矛盾也不断加深。为了解决层出不穷的劳工问题，工商业开始致力于福利运动（Welfare Movement）。福利运动乃是由资方提供服务给劳方，一是为了使工人更加忠诚、有效率和勤勉；二是为了使劳工满意和信任资方，不会想到要组织工会①。这项福利运动涉及多个方面的服务，包括为劳工提供伤病照顾、保险、医疗设施、休闲活动和工作培训等。同

① Philip R. Popple, “Social Work Practice in Business and Industry: 1875–1930”, *Social Service Review*, Vol. 55, (June 1981), pp. 257–269.

时，工业界设立了相应的职务——福利秘书——以聘用为劳工服务的管理人员。福利秘书也是最早期的工业社会工作者。

然而，在福利运动的初期，美国的劳工与工会并不接受资方为他们提供的各种工作福利，因为他们认为资方的真正目的是以各种福利取代加薪，并企图打消工人加入工会的念头，而公司的福利秘书则是资方监视劳工的眼线①。但是随着劳工问题的日益增多，工会发现其原本的主要功能无法发挥作用，即通过集体谈判与资方签订团体协约来增进劳工福利，如加薪、减少工时、改善工作环境、参加保险等遇到阻碍②。当劳工出现个人或家庭问题，影响其工作能力，甚至丧失工作职位时，工会原本的功能并不能帮助其解决问题。由此，工会开始决定采用社会工作的方法来服务劳工，并发展工会社会工作。

社会工作专业与工会长久而又矛盾的关系可以追踪至20世纪初。社会工作者的角色由早期的福利秘书转变为劳工组织者和通过工会会员帮扶项目以提供咨询服务的临床专业人员。以往，社会工作者大多依靠私人机构慷慨的经济支持，而当他们进入公共部门以帮助解决伴随20世纪30年代大萧条时期的各种个人和社会问题时，社会工作者就得以从私人志愿机构的限制中解脱出来。对于社会工作者而言，经济上的各种支持使其有了公共的和更加自主性的基础，而且社会工作的服务由微观介入转变为宏观介入的信念也越来越明晰。在这样的前提下，社会工作者与劳工的关系也变得更加的清楚，也不再矛盾。以集体行动和系统性的社会改变为新的主题，社会工作的内容也与组织起来的劳工更加地契合。当时，此类社会工作者的先驱，如 Jane Addams 和 Harry Hopkins 是劳工的支持者，他们竭尽所能帮助工人与雇主进行集体谈判。公共部

---

① Philip R. Popple, "Social Work Practice in Business and Industry: 1875-1930", *Social Service Review*, Vol. 55, (June 1981), pp. 257-269.

② 苏景辉：《工业社会工作》，桂冠图书股份有限公司1989年版，第43页。

门的社会工作者也加入工会并组织当地劳工。虽然现在许多社会工作者隶属于不同的工会，但是作为公共部门的工作人员，他们大多数还是加入了美国州、郡、市公务人员联合会（American Federation of State, Country, and Municipal Employees），服务领域雇员国际联合会（Service Employees International Union），美国电讯工人工会（Communication Workers of America）以及药物、医院和医疗保健员工联盟（Drug, Hospital and Health Care Employees Union）①。

二、美国工会的劳工服务

多年以来，工会社会工作者也为工人及其家人提供直接的服务。早期最有名的是海员工会（National Maritime Union）和海员服务处（United Seaman's Services）的一项合作计划。该项计划始于1943年春季，由联邦政府支付经费，一直持续到1947年战争结束。该项计划的提出是由于当时有超过5000名的海员工会会员，在战争期间被敌方的飞机或潜艇狙击于海上，联邦政府聘请了一位主任及7名具有社会工作硕士学位的个案工作人员，以协助海员和其家属寻人及救助破碎的家庭②。

美国工会的社区服务部主要开展了两项工作：一项是社区服务方案，主要做转介服务，而非直接服务③。工会会员在遇到有关财务、婚姻、法律、酗酒、药瘾等问题时，社区服务部则可以为其转介到社区相应的社会服务机构。社区服务方案由全职的工会工作人员负责管理运

① R. Paul Maiden, "The Evolution and Practice of Occupational Social Work in the United States", in *Global Perspectives of Occupational Social Work*, R. P. Maiden (eds.), New York: Haworth Press, 2001, pp. 119-138.

② IrlCarter, "Social Work in Industry: A History and a Viewpoint", *Social Thought*, Vol. 3, No. 1 (Winter 1977), pp. 7-17.

③ George T. Martin, "Union Social Services and Women's Work", *Social Services Review*, Vol. 59, No. 1 (March 1985), pp. 63-74.

作，而专门的转介服务则由志愿性的工会咨询员来做。这些志愿者在担任工会咨询员前，必须接受一项为期八周至十周，每周两个小时至三个小时的专业训练，以学习如何助人①。社区服务部的第二项主要工作是在劳工集中的社区中建立劳工联合服务处，为劳工提供有关健康与福利方面的服务。它是一种依法登记的非营利性社会服务机构，其经费由当地的社区联合募捐协会提供。服务处的工作人员既有专业的社会工作者，也有经过训练的工会工作人员。服务的项目涉及工会会员生活的多个方面，包括：提供资料和转介服务，生活支持策略项目，消费者纠纷服务，工会咨询员项目，人力供应服务项目，有前科者更生计划，老年项目，职业检查项目，房屋介绍项目和文艺活动项目②。

除此之外，美国的大型工会也提供直接的社会工作服务如健康保险计划，提供医疗照顾、伤残等福利。退休工会会员外展服务计划则由两位专业社会工作者及数名哥伦比亚大学的社会工作研究所的实习生负责策划执行，以工会办事处为中心，服务的内容包括③：

一是家庭访问：社会工作者与退休者去其他退休人员家庭拜访，及时了解他们生活中可能遇到的问题和情绪健康，需要时为他们提供个案服务。

二是电话咨询：志愿工作者担任电话咨询员，为来电咨询的退休者解决问题，该电话热线具有生命热线的功能，并可以提早发现退休者问题而加以预防。

三是健康休闲服务：工会用专车接送退休者到工会活动室参加各种娱乐休闲活动，以及组织看电影、团体旅行等集体性活动，以丰富退休

---

① Dale A. Masi：*Human Services in Industry*，Lexington：D. C. Health and Company，1982，p. 36.

② Dale A. Masi：*Human Services in Industry*，Lexington：D. C. Health and Company，1982，p. 39.

③ Robert Stephens，“Union Reaches Out to Retired Members”，*Practice Digest*，（September 1982），p. 27.

后的生活。

同时，工会工作人员也积极推展社区中的自助网络，使散落在各个社区的退休人员建立自己的组织，互帮互助，促进社会福利。

三、我国港台地区工业社会工作的发展和经验

（一）台湾工业社会工作的发展

台湾的经济结构转型（农业经济转为工业经济）使得各产业人口比例发生了显著的变化，而在早期的工业劳动人口中，青年劳工占了近一半的比例。这些青年劳工普遍受教育程度低，社会化程度不足。在以升学和文凭为个人价值评判标准的时代，青年劳工容易缺乏自信，存有自卑感，并容易做出一些偏差行为。有调查指出，在 20 世纪 70 年代至 80 年代的台湾，抢劫犯和强暴犯中工矿工人都占有很高的比例（约 40%），并且年龄集中在 30 岁以下。青年劳工的各种偏差行为引起社会和当局的注意，并着手尝试运用社会工作和心理辅导的方法来协助他们。台湾当局于 1981 年颁布的“加强工厂青年服务工作要点”“厂矿劳工辅导人员设置要点”更是大力促进了工业社会工作的推展。

在台湾，工业社会工作又称为劳工辅导工作。台湾的工业社会工作可分为四类。第一类为政府社会科（局）的劳工服务，即各个地方政府社政单位运用社会工作者推行劳工服务。其中台北市“社会局”社工于 1978 年 10 月首先成立劳工辅导组，并设立督导一名，社工六名。其主要项目有劳工咨询服务、休闲娱乐活动、劳工培训和出版劳工书刊。其他各级政府所推行的工业社会工作项目皆大同小异，基本内容都是为劳工提供咨询和辅导服务以及丰富劳工的业余生活。第二类为“救国团”的工厂青年服务，此项服务始于 20 世纪 70 年代，其主要目的在于丰富青年劳工的精神生活和提供咨询辅导以及福利服务工作。第三类为教会的职工青年服务，台湾地区由宗教团体所提供的劳工服务工作，

早年大多由天主教及基督教所从事。比较著名的三个团体分别为天主教职工青年会、怀仁职工青年中心以及新庄福音中心。虽然三个组织的宗旨和服务内容有细微差异，但大多也旨在关怀员工，为员工提供各种学习和丰富业余生活的机会，并促进员工之间建立支持网络。第四类为工厂的员工辅导，其中较知名的是于1974年美国无线电公司为提高员工福利和员工生活的适应性而设立的生活辅导组，负责宿舍女作业员的生活辅导，该公司的生活辅导组设有主任一名、行政助理一名、辅导老师十六名，除了主任为男性外，其余皆为女性，十六名辅导老师中有半数是大专及以上社会工作相关背景，她们经常参加在职训练计划，如辅导理论与技巧、特殊个案助理方式、劳工基准法概论等，并且在必要的时候与前面三种机构联系合作。

随着工业社会工作在台湾不断的发展和成熟，工业社会工作也扩大了服务对象，使得妇女劳工、老年劳工逐渐列入服务范围。工业社会工作也不再仅仅关注个体性的劳工问题，即微观导向的社会工作服务，而是把劳工的制度问题视为同等重要的方面，甚至进而扮演倡导者的角色以影响劳工政策。除此之外，在台湾，社会工作专业的发展和结构的完善使得工业社会工作的教育更具专业性和全面性。多项课程的引入，如劳资关系、工业社会学、工业心理学、企业管理等都有助于学生充分掌握与工业环境相关的知识，并且结合恰当的社会工作方法和技巧，更有效地帮助劳工解决问题。

（二）香港工业社会工作的发展

根据香港学者阮曾媛琪对香港工业社会工作的介绍，在我国香港地区，工业社会工作的萌芽源自早期的民间社会服务机构①。进入20世纪中期，一些香港当地的民间组织发现香港的工人不仅缺乏一定的工作保

① 阮曾媛琪：《香港职业社会工作》，转引自张默主编：《企业社会工作》，社会科学文献出版社2014年版，第29页。

障和业余生活，而且这一问题并未得到政府和工会组织的重视。于是，他们自发地开始尝试为工人们提供服务，并在20世纪70年代进一步丰富为工人服务的各种项目，更多的民间服务机构开始专门为工人设立服务项目。工业社会工作就在这样的背景下应运而生并越发成熟起来。早期的工业社会工作的服务以社区服务中心为载体，服务内容较为广泛，包括提供劳工法律咨询和权益保护、推动劳工政策改革的工人运动和劳工教育倡导活动等。

20世纪80年代，随着香港经济高速发展，为了更好和更及时地满足工人的需求，工业社会工作进一步拓展，由早期依托社区服务中心的服务模式延伸到工厂范围内。工业社会工作者主动走进工人群体的工作场所，加强对工人的全面认识，开启了社会服务机构与企业合作的新时期。当时，很多劳动密集型企业出现了劳动力短缺的情况，企业为了减少工人的流失率和吸引新员工的加入，开始意识到增加员工福利、关心员工生活和提供及时帮助与服务的重要性。于是，在企业和社会服务机构合作的模式前提下，员工的服务活动大多在企业内开展，服务内容基本由企业代表和社会工作者共同策划，而工人本身很少有机会参与其中。虽然社会工作者走入企业的模式成效显著，但是这一时期社会工作者应为弱者争取权益的立场受到了挑战和质疑。不少人开始批评此时社会工作者实际上为企业资本家服务的现象。

然而进入20世纪90年代后，香港工业社会工作在服务内容和方法上开始转变，以应对香港经济的冲击所带来的劳动力市场中的多种问题，如劳动力短缺、劳资关系紧张等。“员工辅助计划”开始被一些社会服务机构提出，旨在增强员工对企业的归属感，提升其工作和生活品质，推动企业人性化的管理制度。“员工辅助计划”中的具体方案大多由社会工作者根据各企业的特点和需求进行设计，活动的资金大多由受益企业资助。尽管工业社会工作者在稳定发展香港经济和缓解劳资关系方面发挥着越来越大的作用，但考虑到香港的公民社会基础和企业社会责任，工业社会工作一直未被香港政府列入政府资助领域。

第三节　工会社会工作的服务内容与职责

一、工会社会工作的服务内容

前面已指出，工会社会工作在内容上和工业社会工作相似，关心的是加强员工的社会功能，同时借助一定的干预措施，增进整个工作群体的福利，以及促进他们和家庭及其他社会组织之间有效的社会支持和获得机会。二者的主要差异在于主体的不同，工业社会工作的主体主要是资方，而工会社会工作的主体是工会。但就具体的工作方法和服务内容而言，二者并无太大差异。在大多数情况下，工会社会工作和工业社会工作的开展遵循着相同的实践方法和过程。有学者提出可以将工业社会工作的实践看作一个从微观（临床）干预到宏观（组织）干预的连续谱。连续谱的一端是个人改变，另一端是组织改变。小泽[①]提出工业社会工作的四阶段模型（如下图），以帮助解释前面所提到的连续谱。她认为单一服务取向、综合服务、组织干预和社区建立是渐进的四个阶段，在工作领域起着作用。

根据迈登（Maiden）[②] 的描述，工业社会工作可以分为三类。第一类是关于政策、规划和行政。这一类的工业社会工作内容并不涉及直接

---

① Martha N. Ozawa, "Development of Social Services in Industry: Why and How?", *Social Work*, Vol. 25, No. 6 (November 1980), pp. 464-470.

② R. Paul Maiden, "The Evolution and Practice of Occupational Social Work in the United States", *Global Perspectives of Occupational Social Work*, R. P. Maiden (eds.), New York: Haworth Press, 2001, pp. 119-138.

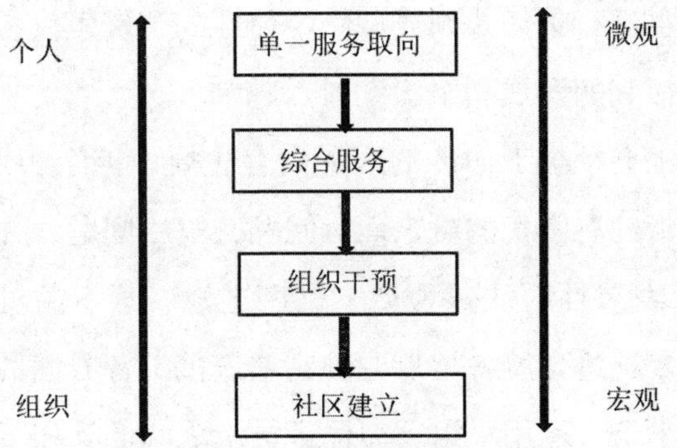

工业社会工作的四阶段模型

的咨询，而类似于协调、培训和行政方面的事务，如“员工协助方案”（Employee Assistance Program，EAP）的组织协调工作，员工培训，职业发展政策的起草等。第二类是与个人、家庭和特殊群体有关的直接实务，如危机干预，对个人问题的评估，关于酗酒、滥用药物和健康问题的治疗指引，短期的个人问题咨询和辅导，退休事务的咨询，以及对公司或工会中的老年照料项目的相关咨询等。第三类则是前两类的综合。工业社会工作既关注个体员工也关注依赖员工生存的受抚养人和赡养人以及雇佣组织。实际上，社会工作并不是唯一的进入工作领域的服务专业，但是其资格和条件却特别有利于在工作领域中开展有效的实践。工业社会工作包括各种技巧和传统服务，可以应用在公司、小生意单位、工会、医院、学校、各级政府等。

在美国，结合工业社会工作的描述，工会社会工作者的具体服务内容可以总结为两个方面。第一，通过“员工协助方案”协助员工解决个人或家庭问题，并设立各种教育性发展项目，如沟通技术、休闲时间安排、压力处理方法、财务管理咨询、预备退休咨询等①。第二，协助

① L. A. Jorgensen，“Social Services in Business and Industry”，in *Handbook of the Social Services*，N. Gilber& H. Specht（eds.），New Jersy：Prentice-Hall，Inc，1981，p. 346.

工会会员与雇主进行集体谈判或调解个体性的劳资争议，推动雇主注意公司内部员工福利的发展和组织发展。

在台湾，工会社会工作者的服务内容主要由四个板块构成[①]：（1）辅导性板块：帮助有困扰的员工面对问题，解决问题，并采取相应的行动；（2）教育发展性板块：为员工提供进修、学习的机会，如开展各种兴趣班，以及透过开展各类专题讲座增进员工各方面的知识，成立各种学习或成长小组，运用小组动力促进员工之间的互相了解，增进人际关系；（3）娱乐休闲性板块：组织旅游或运动会等活动，丰富员工工作以外的业余生活；（4）咨询性板块：为劳工提供最新就业、劳动法规等信息，增强劳工的法律维权意识。

由此可见，不同国家和地区工会社会工作的服务内容既有相同之处也有差异之处。那么如何判断工会社会工作服务的设计和安排是合理且具有包容性的呢？里奥·派利斯（Leo Perlis）于 1976 年倡导提出的"人性协约应作为工会团体协约的一部分"的观点可以为这个问题提供一个较为基准的答案。传统的团体协约（即集体合同）基于集体谈判，注重工资、工时和工作环境方面的事务。而人性协约则进一步督促资方注重劳工的身心健康、福利和生活环境等各方面的需求[②]。换言之，工会社会工作在开展服务并订立相关组织条约的时候需要审视是否涵盖"人性协约"。具体说来，一项完善的人性协约应涵盖五种服务[③]：

一是财务方面：如困难救助金、收入津贴等。

二是家庭方面：如婚姻咨询、亲子关系等。

三是健康方面：如心理疾病、酗酒、重大疾病等。

---

① 苏景辉：《工业社会工作》，桂冠图书股份有限公司 1989 年版，第 6 页。

② Dale A. Masi：*Human Services in Industry*，Lexington：D. C. Health and Company，1982，p. 39.

③ Dale A. Masi：*Human Services in Industry*，Lexington：D. C. Health and Company，1982，p. 40.

四是消费者事务：如租房、消费欺诈等。

五是其他方面：如法律援助、教育培训等。

里奥·派利斯认为“人性协约”有三方面的特征：其一，它是工会与资方合作以解决公司员工个人和家庭问题的一项策略；其二，它包含有资料信息提供、转介服务、追踪服务等一系列方案；其三，工会与公司合作培训志愿者担任工会咨询员，以协助劳工处理工作和生活各方面的问题[①]。

二、工会社会工作者的职责和服务角色

由工会社会工作的服务内容可知，工会社会工作涉及个人工作和生活甚至组织结构和制度安排的方方面面。与此相对应，提供这些服务的社会工作者也必然要承担多方面的职责，并且扮演多种角色。

根据学者阿卡巴（Akabas）和科曼（Korzman）[②] 对工会社会工作者职责的总结，社会工作者应该承担如下职责：

1. 对有困扰的员工和困难工会会员给予咨询辅导服务，以帮助解决其个人问题和家庭问题，恢复其工作表现。

2. 善用社区资源以满足案主的需求，与各资源单位保持联系，以便必要时提供转介服务。

3. 训练一线人员（工会代表、生产线干部等），使他们能够当观察到员工工作表现变差时，将其转介到社会服务单位，并在需要时给员工适当协助。

4. 建立档案系统，记录各项服务资料，以供分析和追踪。

---

① Leo Perlis,“The Human Contract in the Organized Work Practice”, *Social Thought*, Vol. 3, No. 1 (Winter 1977), pp. 29-35.

② Sheila Akabas&Paul Korzman, “The Industrial Social Welfare Specialist: What's So Special?”, *Work, Worker and Work Organization: A View from Social Work*, S. Akabas & P. Korzman (eds.), Englewood Cliff: Prentice-Hall, 1982, pp. 197-235.

5. 设计一套未来的工作计划和方向。

6. 引进社区有关健康、休闲娱乐、教育培训、福利等活动给在职或退休的员工及工会会员。

7. 协助办理工会的员工福利及医疗卫生方案，并拟订未来发展计划。

8. 协助工会拟订切实可行的关于妇女、少数民族、残障等员工的帮扶计划，并加以实施。

9. 鼓励员工组织起来，关注政策法规，增强法律维权意识，并协助其进行劳资纠纷的调解，必要时协助进行集体谈判。

在对员工进行服务时，工会社会工作者同时扮演多重角色，以帮助解决员工个人生理、心理、家庭和其他社会性问题。工会社会工作者的服务角色包括辅导员、调解员、倡导者和中介者，这些角色各有相应的工作内容和技巧。

（一）辅导员

作为辅导员，工会社会工作者主要负责评估问题以及为员工个人、家庭和团体组织提供相应的咨询辅导。工会社会工作者需要帮助员工厘清问题的脉络，了解问题可能的成因，并与员工一起探索问题解决的办法，最重要的是帮助员工建立自己解决问题的能力。辅导员角色需要一定的工作技巧，如评估诊断、面谈技巧、心理干预等。工会社会工作者不同于其他领域的咨询辅导员，在对员工提供咨询辅导服务时，需要系统全面地了解员工的生活环境、企业管理与生产方面的知识以及工作场所对员工的影响等。以此为基础，工会社会工作者才有可能正确地判断员工问题产生的原因，并有效地帮助其解决问题。

（二）调解员

工会社会工作者可能面对员工之间、员工和雇主之间，以及团体之间的冲突。这一冲突多半关乎多方利益。为了能够平衡各方的利益和需求，以顺利化解冲突，工会社会工作者作为调解员需要具备的技能包括：评估冲突本质和原因，创造适当气氛缓解冲突情境，能够解析冲突问题，使冲突各方建立共同立场并将各方利益最大化，以减低冲突损失等[①]。

（三）倡导者

工会社会工作者作为倡导者主要是帮助员工为自我需要和请求而行动，其目的是为了帮助修正或改变现有的企业和组织政策，以更好地实现员工福利和工作环境的改善。倡导者的角色一般会受到组织内部的质疑甚至是阻挠，但却是为员工争取合法权益和福利的有效途径之一。工会社会工作者作为倡导者需要具备谈判的技能和必要的法律知识。

（四）中介者

当员工需要某一方面的专业服务时，工会社会工作者需要扮演中介的角色，有效地将员工与相应的资源连接起来，充分地使用恰当的资源。例如，有单亲妈妈为了照顾幼儿与工作时间发生冲突，严重影响到工作任务的完成时，工会社会工作者可以为其介绍婴幼儿照料中心，以帮助其减轻照料的负担。中介者的角色通常与工会社会工作的转介和追踪服务相关，因此，工会社会工作者也需要具备系统管理案件、了解组织和社区资源，同时建立资源网的能力。

工会社会工作在很多国家和地区已经发展得比较成熟，并成为社会工作教育中重要的一部分。在中国，近年来，一方面快速的经济发展和产业结构的转型对高素质劳动力的需求日益增长；另一方面人们在关注满足物质需求的同时，也越来越在乎自身的精神健康和合法权益。所以，尽管工会社会工作在中国还是一门相对新兴的社会工作领域，但是可以预见，工会社会工作的发展将会越来越受到重视。工会作为工业社

---

① 谢鸿钧：《工业社会工作实务——员工协助方案》，桂冠图书股份有限公司 1996 年版，第 10 页。

会工作的重要载体，其组成目的就是为会员（职工）服务。传统的工会功能是为会员争取较优的劳动条件，而现代的工会也逐渐将为会员提供各类福利和服务视为重要的工作内容。中国工会应以为会员或职工提供完善的工作保障和福利以及协助解决其生活和工作中的问题为目标，建立起完善的工会社会工作职业体系。

第三章　工会社会工作的理论基础

社会工作是一门以提供实务服务为主要内容的专业，因此，实务操作之技术或技巧的训练自然是社会工作的重要学习课程。不过，相关理论知识或视角的学习与训练也是必不可少的，因为实务的开展，必须以理论分析为前提，理论为实务提供了对服务对象之问题性质的理解和判断依据，以及对可能介入方法和途径之选择提供指导。脱离了理论的指导，实务工作的开展很可能抓不住问题的要害，从而难以获得实质效果。本章主要介绍工会社会工作实务开展中可供借鉴的相关理论。

第一节　工会社会工作理论概述

在这一节中，我们从现有的各种人文社会科学理论中，选择一些相对来说与工会社会工作联系较为紧密的理论，并将它们整合成一个相对完整的、逻辑一致的理论框架，从而为工会社会工作的实务开展提供较为系统的理论指导。

一、社会工作及社会工作理论

社会工作是一门专业助人的学科，其专业性，首先是建立在对服务对象所面临的社会问题的科学分析基础之上，然后结合服务对象自身的特点以及他（们）身处其中的社会情境，来判断可能的问题解决办法。但是任何问题的解决都必然需要相应的资源，所以社会工作专业独特性就在于，如何帮助服务对象去发现、挖掘、协调和整合各种可能的资源，让他们能够与这些资源建立起关联并学会去使用这些资源（需要注意，这些资源不仅仅是物质性的，也包括非物质性的，如一些政策、服务等），最终实现“助人自助”。从这里我们可以看到，社会工作与其说是问题解决者，倒不如说是问题分析者；与其说是资源或服务的直接提供者，倒不如说是资源或服务的发现和整合者。因此，社会工作专业在一定程度上可以说是一种问题分析和资源协调或整合的中介服务专业，在服务对象与可能资源之间建立起联系，实现“助人自助”。在具体过程上，首先需要社会工作者帮助服务对象去分析问题；其次帮助服务对象去发现和整合资源；最后让服务对象自己去逐步解决自己的问题①。

而社会工作理论则是从理论上帮助社会工作者们对服务对象的特性以及他（们）身处其中的社会情境的特性进行判断和解释，从而对社会工作者的方案选择提供理论指导。而对这两种特性的判断和解释，其实就是整个人文和社会科学所要探讨的东西，在这个意义上，我们可以说，社会工作理论的涉及面是极为广泛的，任何人文和社会科学的理论都可能在不同情境下构成对社会工作者的重要理论启发。换言之，社会工作理论的选择具有很大的主观性，即专业社会工作者需要根据自身服务对象的特点及其所处的社会情境的特点，来判断何种理论更适合用来理解和解释服务对象面临的社会问题，并有助于找到合适的解决办法。

---

① 需要注意的是，社会工作者提供的专业服务当然也是其中的资源之一，而且有时社会工作者提供的服务也会直接针对问题的解决。不过，社会工作者所能提供的直接有助于解决问题的资源或服务是极其有限的，很难设想仅靠这样一群专业人士在不利用和整合大量外部资源的情况下，来帮助服务对象解决他们的各种各样的社会问题，因此社会工作主要职能还是在于对这些大量社会资源进行发现和整合，从而帮助服务对象解决他们的社会问题。

二、工会社会工作及工会社会工作理论

工会社会工作主要是指以工会为主要组织载体，对企业员工（尤其是工会会员）开展社会工作或提供社会服务，以帮助他们解决生活和工作中的困难，增进其能力或发掘其潜力，提升其生活和工作质量，最终提升其个人福祉。

工会社会工作理论就是对上述工作进行指导的相关理论，其理论的出发点和归宿点自然是企业员工。不过，由于企业员工都不是孤立存在的，他们首先都是企业中的成员，他们的生存和发展离不开企业这个直接的外部环境。因此，工会社会工作也必须立足于企业，通过帮助企业协调好内部社会关系以及企业与外部环境的社会关系，从而让企业得到更好的发展，为企业内部的成员提供更好的福利，同时让企业外部环境也能得到相关福利的提升。所以，工会社会工作的服务对象也就不只是局限于工会会员和职工，还应该兼顾企业以及企业所处的社区。

因此，工会社会工作是以工会会员和企业员工为主要服务对象，通过运用专业的知识和技能，来帮助他们对遇到的社会问题进行诊断，并帮助他们来发现、挖掘、协调和整合现有可能资源，来协助他们尽可能解决问题，或改善他们的工作和生活处境。此外，在问题的分析和资源的整合工作过程中，工会社会工作者必须将员工个人的问题或需求、企业的经营和管理、行业/区域领域中的问题和条件，以及国家的综合治理目标结合起来，最终落实在企业层面来实现员工的福祉，并兼顾企业、行业/区域及国家的整体利益和长远利益。而所谓的工会社会工作理论，自然是指那些有助于工会社会工作者针对工会会员或企业员工进行问题分析和资源发现与整合的相关理论。

三、工会社会工作的理论体系建构

尽管我们已经将工会社会工作的主要服务对象界定为员工，但与员工相关的理论非常庞杂，那么该如何进行工会社会工作理论的取舍呢？我们认为，一方面要以员工为核心对象，但另一方面又必须结合企业、行业/区域、国家等多方视角或利益来选择相关理论，并将它们整合成一个具有一定逻辑一致性的理论体系。具体来说，应该从四个方面来进行理论体系的建构。

（一）员工作为社会成员的相关理论

任何员工都是社会中的成员或个体，都有着一些共性的问题和需求，在众多针对个体的人性、问题和需求的理论中，我们主要选择马斯洛的需求层次理论，因为该理论较为全面且系统地阐述了人的需求结构以及内部不同层次间的关系，而且这与企业中的员工的个人需求、问题和发展具有密切的联系。

（二）员工作为企业成员的相关理论

员工的问题及其需要的满足，始终与企业具有密切的关联，特别是当前中国劳资关系较为紧张，劳资纠纷基本上都是在企业层面发生的，所以需要从企业的角度来看，员工究竟是一个什么角色和位置？这种角色和位置对于企业未来发展来说，又具有什么样的意义？只有如此才能了解企业可能会为员工提供什么样的资源，以帮助他们解决何种问题和实现何种需要。

（三）员工作为工业关系成员的相关理论

任何企业都不是封闭式的，员工与雇主在企业中必然发生交往，但这种交往也直接或间接地发生在工业关系领域中，即员工群体（往往是工会）为一方，雇主群体为另一方，双方通过集体谈判，为员工在企业中的经济和社会处境，提供了一定程度的基本保障，因此了解员工问题和解决他们的需求，也必须考虑他们身处其中的工业关系结构。

（四）员工作为国家成员的相关理论

任何员工都是国家的成员或公民，因此员工与雇主的关系乃至员工在企业中的遭遇，与国家的相关法律法规、政策条例及其执行状况等都有莫大的关系。同时，员工与国家之间的关系，看似是最外围的，但会从根本上影响或决定工业或企业内部的劳资关系。

第二节　工会社会工作的理论体系

一、员工作为社会成员的相关理论

任何员工首先是社会中的成员或个体，有着共性的问题和需求，在众多针对个体的人性问题和需求的理论中，我们主要选择马斯洛的需求层次理论，因为该理论较为系统地阐述了人的需求结构以及内部不同层次间的关系，而且这与企业中的员工的个人需求、问题和发展具有密切的联系。

美国著名人本主义心理学家马斯洛将人的需求区分为五个层次：（1）生理的需求，即常说的衣食住行等，这构成人类行动的基本前提和原初动力，在企业工作领域，最典型的生理需求就表现在工资报酬上。（2）安全的需求，是指人类需要得到保护，免受危险或威胁，从而能获得安全感。就企业来说，这种需要就表现为免于工作场所中可能存在的危险环境，避免出现职业病。（3）归属与爱的需求，指人类有被他人接纳、爱护、关心、关注、鼓励和支持等需求。在企业中，工人对非正式群体的参与就是对这种需求的一种表现。（4）自我尊重的需求，是指每个人都有获得并维护自身尊严或自尊心的需求，可以表现为获得体面的工作、稳定的社会地位和周围他人的承认和赞扬。(5) 自我实现的需求：这是最高层次的需求，主要是指实现个人理想、抱负，将自我潜能发挥到最大程度，完成与自己的能力相称的事业的需要。一些对工作场所进行研究的人员指出，工作的自主性和工作与个人能力的匹配程度等，是一种非常重要的区别于金钱且不亚于金钱的重要激励因素。

在区分这五种需求后，马斯洛还将它们进行了整合，建立了一种内在结构或秩序：(1) 五种需求就像阶梯一样，是从低到高逐步进阶的，通常来说，某一层次的需求得到满足之后，那么人们就会向更高层次的需求发展。(2) 尽管通常只有满足了前一层次的需求，后一层次的需求才会得到激发，但这并不构成一种固定的、必然的顺序，现实中也会出现特殊情况，即人们也许会为了追求自我实现的需求或爱的需求，而舍弃安全的需求。(3) 五种需求又可以分为两级，其中生理的需求、安全的需求和归属与爱的需求都属于低一级的需求，这些需求通过外部条件就可以得到满足；而自我尊重的需求和自我实现的需求则是更高一级的需求，它们只有通过内部因素才能得到满足，而且相对来说，前一组需求是具有限度的，而后一组需求则相对无限度。(4) 每个人都有这些需求，但是在不同时期，通常会有某一种需求占据主导地位，对人的行为产生决定作用，但任何一种需求都不会因为更高层次需求的发展而消失，所以，它们之间构成一种相互依赖和重叠的关系。

二、员工作为企业成员的相关理论

企业对员工的理解和定位，直接影响到上述员工需求结构的满足程度。有研究者曾以非常简洁的方式概括了企业对员工角色定位的五个阶段性变化①：

---

① Dobbin, Frank& John R. Sutton, "Equal Opportunity Law and the Construction of Internal Labor Markets", *American Journal of Sociology*, Vol. 99, No. 2 (1993), pp. 396-427.

第一个阶段从近代工业化产生至19世纪末，企业将员工看作一种达尔文式的“动机系统”，即工人的行为动机就是由当下的奖励和惩罚构成，类似于“刺激—反应”式的机械行为模式，此外，工人完全被看作一种随时可以替换的生产要素。

第二（个）阶段出现在20世纪初期，企业仍然将员工看作生产要素，不过发现了劳动要素因内部参差不齐，会影响企业生产效率，特别是当机器被大规模引入工厂生产流程后，员工的工作方法和程序日益成为影响机器效率的重要因素，因此，泰勒倡导科学管理方法，其目标及方式就是要使作业标准化、规范化，从而提高生产效率。在这种管理理念中，员工则被看作一台大的生产机器中的一个自私自利取向的零部件而已。

第三个阶段出现在20世纪二三十年代，当时非常著名的霍桑实验发现①，科学管理中有关“经济人”的假设存在偏差，而应将人看作“社会人”。梅耶等人也即在此基础上，提出了人际关系理论。该理论认为，在研究企业组织现象时，不能只看物化的组织结构，如资源的分配、组织的正式等级制度，也要看它的非正式组织（群体）结构，即谁与谁在一起、同事间的关系怎样②。这样，企业对工人角色的理解开始发生了一些实质性变化，即工人不再被简单地看作一种可随时替代的生产要素，他们对企业的忠诚和认同对于企业的生产经营来说具有非常重要的意义，这促使企业主逐步采取一种家长制式的管理策略，通过给予工人恩惠来换取工人的忠诚，并让他们远离各种不利于企业生产经营的非正式群体，尤其是工会。

第四个阶段出现在资本主义进入组织化阶段后，工业领域中劳资双

① 郭咸纲：《西方管理思想史》，经济管理出版社1999年版，第164-172页。

② 周雪光：《组织社会学十讲》，社会科学文献出版社2003年版，第18页。

方都发展出了自身的社会组织（工会、雇主协会等）[①]，传统的劳资关系理念开始发生了重要变化，即劳资关系最初只被看作工人与雇主间的个体化的自由契约问题，工人的工作报酬、福利和劳动条件等，都是以个体化的方式在工人与雇主之间达成，但到此阶段，这种个体化的劳动契约的局限性已经凸显，相应地，劳资双方以集体协商或集体谈判的方式来达成的集体合同，开始成为规定工资、工时和劳动条件的重要方式。

第五个阶段出现在人力资本理论被提出之后，人力资本理论在一定程度上可以说开启了一个新的劳资关系时代。因为在此之前，员工在企业中始终是作为劳动力的所有者身份而只享有劳动力在市场中的价格（即工资），但人力资本理论的提出，则彻底改变了传统的那种利益分配格局，即资本（家）得利润、劳动（者）得工资，而是将员工的劳动也当作一种非物质性的资本，这意味着员工也可以获得资本的收益，即利润的分享。换言之，人力资本理论提出了一种利润分享型的劳资关系理念。

三、员工作为工业关系成员的相关理论

任何企业都不是封闭式的，员工与雇主虽在企业中发生交往，但这种交往也直接或间接地发生在工业关系领域，即员工群体（工会）为一方，雇主群体为另一方，双方的集体协商和集体谈判为员工在企业中的经济和社会处境提供了一定程度的保障，因此解决员工问题和他们的需求，也必须考虑他们身处其中的工业关系结构。如何对劳资关系进行治理，西方有不同的理论传统，这些理论都可以作为工会社会工作的参考。已有国外学者将西方有关工业关系的理论视角进行了概括，包括如

---

① Gerber, Larry G., "Corporatism in Comparative Perspective: The Impact of the First World War on American and British Labor Relations", *The Business History Review*, Vol. 62, No. 1, 1988.

下几方面①：

（一）一元主义视角

这种理论视角在几个预设上都具有“一元性”特点：首先，该理论预设了企业内部或工业关系内部（也即劳资双方）的利益或目标的一元性，即“把蛋糕做大”；其次，该理论预设了关系的一元性，即合作关系是一种自然的秩序，这是由利益一元性所决定的；最后，该理论预设了权威的一元性，认为雇主或管理者在企业中具有唯一的权威性和中心地位，他们的行动决策具有天然的正当性，因为只有他们才能无偏的、客观的、理性的认清大家共同利益以及为达成此共同利益的手段。

在这种理论视角下，利益的分歧以及由此产生的冲突，都被认为是不正常的，是偏离自然秩序的，可看作一种“病态”或“病症”，因而需要予以矫治。而这些“病症”的原因，则来源于员工的各种偏差，即因员工在个性、信念、情绪、认知、价值、情感等各方面因素的干扰，导致他们在企业中表现或表达出“病态”的动机、态度和行为，从而干扰企业内部的正常制度安排和运行。因此，企业或工业关系的管理，就在于如何设计出更好的管理技术，来对这些“病态”现象进行诊断、矫治，让员工“正确”认识自己的问题，纠正这些“病态”想法和行为，从而最终让关系恢复到常态。

（二）自由——个体主义视角

此理论视角与一元主义视角有些相似之处，都认为企业组织应由雇主或其代理人来经营管理，但不同之处在于，它承认在劳资之间存在经济利益的冲突，这种冲突并非“病态”而是“常态”，关键是如何对这种冲突进行协调和管理。在协调原则上，此视角强调通过个体性契约、

---

① Howard F. Gospel and Gill Palmer, *British Industrial Relations*, (2nd edition), London and New York: Routledge, 1993, pp. 11-33.

市场力量和普通法中的法则来引导。所以，该视角强调“自由主义”和“个体主义”：“自由”是指这种协商是不需要国家或其他因素的强制干预而自由达成的；“个体”是指避免有诸如压力群体、垄断或结社等带来的干扰。

简言之，这种视角从两方面确立劳资利益冲突解决的原则：首先是市场方面，强调竞争市场中存在一种决定劳动力公平价格的力量，并能够实现生产和分配的最佳效率，而各种结社则会扰乱此种机制，因为这将会带来过于强大的集中化权力，使得雇主或员工会为了私利而牺牲他人利益；其次是道德方面，认为结社或垄断会影响他人的平等权利，他人会受到过于强大的集中化权力的胁迫，而在自由社会中，应让个人为自己的行为负责而不是受制于各种群体。

（三）自由—集体主义视角

这种视角在“自由”这一点上，与自由——个体主义视角相类似，都强调有限政府以及法律运用的有限性，注重劳资双方之间通过自由协商达成的协议来解决利益冲突问题。不过，它在“集体主义”这一点上，与前者则存在根本差异：它认为，自由——个体主义传统下，员工个体在面对雇主时，处于弱势地位，因而在协商中往往会被迫签订一些不公平的协议，所以，它承认员工结社的正当性，也承认雇主结社的正当性，即通过劳资群体之间的集体协商或谈判来达成雇佣条件，或制定出共同遵守的规则，以便让个体化的契约有集体契约作为保障，避免出现不公平现象。

这种通过集体协商或谈判的方式来解决劳资利益冲突问题的做法，实际上是宣布了劳资利益冲突的常态化和公开化，并试图通过某种集体性的制度安排来使这种冲突得到制度化的疏导、协调和解决。当然，要达成这种制度化安排，就需要有一些前提条件，如需要在政治制度上允许员工的自由结社和集体行动的权利，从而能形成压力群体，并独立于雇主或政府；需要劳资双方对各自不同利益能够相互认可，并愿意接受妥协；需要有一个市场体系，从而让劳动力的价格及产品和服务的价格能够随供求而变化；等等。如此，集体谈判才可能促成一种力量均衡状态。自由——集体主义的视角有重要的现实意义：首先，在产业上，它有利于产业民主的实现，即通过让员工参与决定其工资及其他雇佣条件，从而实现产业民主；其次，在政治上，有利于社会稳定，并可作为安全阀的作用来排除那些具有破坏性的产业冲突进入政治领域中，并以相对和平的方式解决冲突。正因如此，罗伯特·杜宾说，“集体谈判是一项伟大的社会发明，它将产业冲突制度化了”①。

（四）法团主义视角

目前国内外研究者主要采用法团主义研究专家斯密特（P. C. Schmitter）对法团主义的制度界定：“法团主义可以被定义为一种利益代表体制，在这种体制中，（社会中）各个构成单位都被组织到数量有限的，具有单一性、强制性、非竞争性、等级化秩序性及功能分化性等特征的各部门当中，这些部门得到国家的承认或认证（若不是由国家创建的话），并被授予在各自领域内的垄断性代表地位，不过作为一种交换，国家对它们的领袖选择和需求表达享有一定程度的控制权。”②

按照这种制度设置，在工业领域中，将会划分出数量有限的部门，为便于分析，假如分为劳方和资方两个部门；在这两个部门内，各自的组织必须是单一性的，即只有一个工会联合会及一个雇主联合会；同时，该领域中的成员或多或少基于强制性的要求而分别加入这两个组织，即会员资格具有强制性特征；而这两个部门之间是一种非竞争性的

① Howard F. Gospel and Gill Palmer, *British Industrial Relations*, (2nd edition), London and New York: Routledge, 1993, pp. 11-33.

② Schmitter, Philippe C., “Still the Century of Corporatism?” *The Review of Politics*, Vol. 36, No. 1, 1974, pp. 85-131.

关系，即通过协调与合作以促进共同利益最大化；考虑到一国的经济领域通常复杂多样，且存在地域上的层级化，因此这两个部门的工会联合会和雇主联合会，内部同样较为复杂，即有来自行业的、地域的各种类型的分会，不过，这些分会是按照一种等级化的方式整合起来的，内部有明确的纪律与秩序，以保证整个联合会内部的一致性和统一性。此外，这两个联合会基本上获得了在各自部门中的垄断性代表地位，且这种垄断性代表地位是得到国家承认的，具有合法性，不过作为一种交换，国家也取得了对两个联合会内部领袖选择以及它们的利益表达方面的一定程度的控制权。

这种制度设置在具体运行上，是国家、雇主联合会和工会联合会三方通过顶级代表的协商会议，就工资和价格等事项进行集体协商，其实质是资本主义国家将已经组织起来的雇主群体与劳工群体吸纳进国家的决策结构中，从而实现一种劳资之间的合作式关系，这也被看作资本主义国家对有组织的劳工阶级进行控制的一种新型机制①。

（五）激进主义视角

激进主义视角与上述各视角有根本性差异，后者基本都默认现有资本主义政治经济体制的正当性，并在此前提下，探讨如何尽可能协调劳资关系、化解矛盾，而激进主义视角恰恰否认现有资本主义政治经济体制的正当性，尤其是其私有制及工资制度，认为在这种体制下，工人根本不可能获得真正的解放，而上述各种视角指导的各种协调手段，表面上看似乎给工人带来了一些好处或改善，但实质上只不过是帮助资本家掩盖或掩饰他们对工人的剥夺，并削弱工人的阶级意识，避免出现阶级行动。

---

① Gerber，Larry G.，“Corporatism and State Theory：A Review Essay for Historians”，*Social Science History*，Vol. 19，No. 3，1995.

四、员工作为国家成员的相关理论

员工问题虽然主要发生在企业之中，但国家所倡导或发布的意识形态、路线、方针、法律法规、政策等，对员工问题往往具有重要作用。所以，对员工问题的理论思考，需要有一种国家视角，此处，我们只对T. H. 马歇尔的公民权理论做一个详细介绍。

马歇尔的公民权理论认为，作为国家的公民，应享有市民权（civil rights）、政治权（political rights）和社会权（social rights），而这三项权利作为三个要素，共同构成了公民权（citizenship）[①]。市民权是由个人自由所必需的权利组成的：个人自由，言论、思想和信仰自由，拥有财产和签署有效契约的权利，以及法律的权利。直接与绝大多数民事权利相连的机构是法院。政治权则主要是指参与行使政治权力的权利，与其相对应的机构是议会和地方政府的委员会。社会权是指分享一定的经济福利和保障及社会福利的权利，并依据社会中流行的标准享有一种文明生活，与社会权密切相关的机构是教育制度和社会服务。

马歇尔指出，这三个要素各自发展进度是不一样的，而且基本上具有独立性，所以，我们可以在不太损害历史准确性的前提下，将每个权利形成时期进行一个分配：市民权是在18世纪，政治权是在19世纪，社会权是在20世纪。市民权的发展则主要包括人身保护令、宽容法和废除出版审查，废除阻止工人参加工会的结社法，以及新闻自由等。就经济领域中的基本市民权利而言，这一权利即为工作的权利，也就是一个人自由选择职业的权利，而这项权利曾被成文法和习惯所否定：一方面将某些职业限定在某些社会阶级之中，另一方面一些地方规定将城镇中就业保留给它自己的成员，或者通过使用师徒制的方式进行排外而不

① Marshall, T. H., Citizenship and Social Class, in Marshall, T. H., Class, Citizenship, and Social Development, New York: Anchor Books, 1965, pp. 71-134.

招收外来新成员。市民权的发展也涉及人们观念的转变，之前人们以为地方和团体垄断是为了公共利益，因为没有秩序和政府，商业和交通是无法维持或发展的，后来人们认识到，这种限制侵犯了个人自由，而且是一种对国家繁荣兴旺的威胁，这种个人经济自由的原则到19世纪初期被接纳为无须证明的公理。

政治权的形成开始于19世纪早期，在马歇尔看来，这种权利的发展并非创造了新的权利，而是将古老的权利授予人口中新的部分。18世纪的政治权是有缺陷的，不是内容上的缺陷，而是分配上的缺陷。在英国1882年法案通过后，投票者的数量还不足成年男性人口的1/5，不过该法案还是有一些进步，就是让那些在经济领域中获得了成功的人可以享有政治要求，从而打破了原有的政治垄断，在一定程度上可以说，他们获得的市民权间接地促进了他们政治权的获得。所以，马歇尔认为，可将19世纪的政治权看作市民权的从属产品。直到1918年法案通过成年人普选权后，这种政治权才开始逐步扩大其基础，另外像妇女被授予选举权也是一个重要的历史进展。

社会权是到20世纪才开始占据历史舞台的中心的。社会权的最早起源是地方社区和功能协会的成员资格，即地方社区或公社有义务或道义责任来为那些生活中因各种原因（特别是非主观原因）而陷入贫困的成员提供福利，让他们能够分享社区在发展过程中获得的福利，并获得自我生存的机会。这种通过社会性办法让人们避免生活风险和分享社会福利，就是试图使得“风险社会化”（socialization of risk）[①]。因为现代社会已经使得风险越来越变得具有社会性，人们越来越难以以个体的方式来面对未来的各种可能风险。以工作场所中意外事故的发生为例，意外事故的发生往往并非出于个人意志，而是源于社会分工，使得所有

① Donzelot, Jacques, “The Promotion of the Social”, in Gane, M. and Terry Johnson (eds.), *Foucault's New Domains*, London: Routledge, 1993, pp. 106-138.

行动者都无法完全控制其工作，个人也就无法（也无须）承担所有责任，这即是风险的社会化。因此，社会问题是源于人们之间的相互依赖，而非某个人的责任。在这种理念指导下的实践技术，便是社会保险技术，这被认为是一种更有效的，也更具有道德性的解决办法。而且这种办法也有助于将原来的直接劳资间的冲突转变成抽象的社会（理性）与经济（理性）间的冲突，工人们的努力方向，也就从罢工、革命、运动等转向尽量去扩展这种社会性空间或领域。

在马歇尔看来，表现为社会保险和福利制度的社会服务体系，是公民权的核心问题之一，通过这个体系，让每个公民能分享经济福利和社会安全；他还指出公民权的另一个核心问题是教育制度，应为人们提供平等教育机会，尤其是义务性的基础教育。在这两个核心制度或体系下，人们能够分享社会文化资源，有权利过一种称得上是社会上一般水准的生活，从而成为一个文明人。

第三节　中国工会社会工作理论探讨

有了上述对工会社会工作各种可能理论的介绍后，我们将尝试将这些理论进行一个逻辑上的整合，以尽可能呈现出一个系统化的工会社会工作理论体系；然后在此基础上，我们将探讨一下面对中国的政治经济体制以及相应的工业关系或劳资关系特点，中国的工会社会工作又应如何在上述理论体系中寻找可能的理论借鉴和参考。

一、工会社会工作理论体系

从一个较为狭义的角度来界定的话，工会社会工作的主要关注对象是员工（尤其是工会会员），因此我们的理论体系也将以员工的需求结构作为起点，这种需求结构主要是一种目标，需要相应的手段来予以实现，而且由于此需求结构内部具有不同层次，所以手段也应该具有层次性。而手段的获取，则直接取决于此需求结构所处其中的环境，这包括了企业环境、工业关系环境，以及更为宏观的政治经济和社会环境，这其中特别是国家的政治制度尤为重要。这样，我们就获得了一个广义的工会社会工作理论体系的示意图（如下图），从图中我们可以梳理出如下核心议题：

首先，工会社会工作关注的是如何帮助员工实现其需求结构，以不断改善他们的生活福利，而这需要结合企业所能提供的资源和手段才可能实现，或者说，员工需求结构的实现程度很大程度上取决于企业或雇主与员工的关系建构方式。比如，对于家族企业来说，员工与雇主的关系是以血缘或姻缘关系构建起来的，而对于那种外资企业，员工与雇主的关系完全是建立在自由劳动市场基础上的，很显然，不同的关系模式，对于员工需求结构的实现是不同的。

其次，企业所处其中的工业/产业关系，也会对员工需求结构的实现程度产生重要影响，通常来说，对于那种市场竞争还处于初级阶段的行业或产业，由于竞争中必然导致的无序状态，员工彼此之间的恶性竞争，以及雇主之间的恶性竞争，都会给员工带来不利结果，而如果这种竞争能够经由劳资双方的协会或联合会之间的整合、协调和规范，那么很可能会让竞争或冲突通过制度化的方式获得解决，这样，对员工来说，自己将不会陷入恶性的竞争之中，同时自己的正当权益受损时，也有制度化的、常规化的渠道去获得申诉。

最后，企业所处其中的政治经济和社会环境，同样会对员工需求结构的实现程度产生重要影响。这里稍微做个区分：一个就是企业所处其中的社会环境或社区环境，这种社会环境可能对于不同类型的企业会有不同程度的影响，如有的企业是乡镇企业或者经由乡镇企业改制而来的

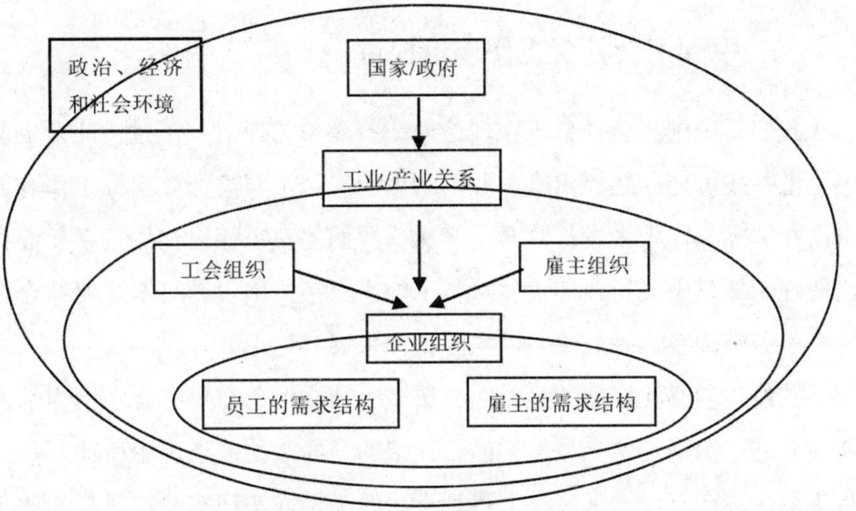

工会社会工作理论体系示意图

企业，它的雇主和员工基本上都有着较为密切的乡土联系，而且企业最初的创办和发展，都与乡土之人情有着复杂的关联，在这种情况下，企业中的劳资关系自然会受到各种乡土人情或社会逻辑的影响①；另一个就是企业所处其中的政治经济环境，这集中体现在中央政府和地方政府两级所塑造出来的制度环境，前者主要从意识形态、法律法规、方针政策等层面影响企业，后者则对企业的影响更为直接，因为它直接营造了企业得以在其中生产经营的各种具体制度规定，目前很多有关地方政府对地方经济发展的研究成果，都揭示出地方政府对企业的影响如果不能说是决定性的，那至少也是关键性的，员工在企业中的劳动报酬和劳动条件的设定，自然也就离不开各级政府的制度规定。

总而言之，围绕员工的需求结构而展开的上述三个理论议题，共同搭建起工会社会工作的理论分析体系，至于其中具体的理论取舍，则需要根据具体问题来具体分析了。

① 折晓叶、陈婴婴：《资本怎样运作》，《中国社会科学》2004 年第 4 期。

二、中国工会社会工作理论探讨

我们对中国工会社会工作理论做一些简单的探讨，不过，此处更多的是把一些可能问题提出来，并不给出明确结论，这需要实务工作者们自己在实际工作中来进行判断。当然，我们的整个探讨仍然是在前面提出的理论体系中进行，即仍然从员工的需求结构出发，只不过要结合中国当前劳资关系或工业关系的实际情况来展开讨论。

首先我们要注意到的是，在员工需求结构上，需要结合中国当前的实际来进行明确定位，虽然如前面介绍的马斯洛的需求理论所述，每个员工都应该在五个需求层次上得到先后的满足或实现，但这只是一种理想的设定，因为从目前中国员工的实际处境来看，似乎对于大多数员工来说，特别是那些劳动密集型产业中的农民工来说，他们目前的迫切问题，是要解决他们生理上的、安全上的需求。从新闻媒体中传递出来的信息表明，目前一线员工不仅工资低、工时长，劳动条件恶劣，而且还往往出现工资拖欠、严重的工伤事故等现象，影响到了很多员工的日常生活和工作，也影响到了他们的家庭。所以，目前中国工会社会工作者们应该着力于如何协助员工解决他们的生理和安全等低层次的需求。当然，对低层次需求的强调，并不否认高层次需求的重要性，事实上，对于那些处于技术或资本密集型产业的员工来说，或许他们期望的是自我实现。不过总体来说，目前中国绝大多数员工仍然需要专业社会工作者去帮助他们解决低层次的需求。

那么，究竟该如何对这种独特的需求结构的实现进行考察和分析呢？与前面的理论体系的建构逻辑不同，在中国的政治经济体制下，对问题的分析，需要将逻辑过程稍微反过来，即从国家的制度环境出发，然后依次考察地区或社区环境、产业或工业关系，最后回到企业中来分析劳资关系。

首先，工会社会工作者需要对我国的政治体制特点有准确的理论认识。在前面介绍的相关理论，都有个共同的政治体制背景，即资本主义政治经济体制；而我国在国体和政体上，都不同于西方资本主义国家，自然就不能简单地移植或套用西方现有理论，而只能将它们作为一种借鉴，如在视角切入点和逻辑分析上，予以参考借鉴。在我国，社会管理格局是“党委领导、政府负责、社会协同、公众参与、法治保障”，换言之，员工问题的解决，特别是员工维权问题，必须在党的领导下开展。而这其中非常重要的一种利益表达和维护方式，就是在党的领导下，通过立法和政策制定等进行源头上的参与。这也是目前工会社会工作者最迫切需要去参与的。

其次，工会社会工作者需要对我国的产业关系或工业关系特点有准确的理论认识。由于政治体制的根本差异，必然使得我国的产业关系也具有不同于西方产业关系的特点，这尤其表现在雇主和员工的社会组织上。在我国，中国工会（即中华全国总工会及其领导下的各级工会组织）是工人阶级的群众性组织，而且具有唯一性，是中国共产党密切联系职工群众的桥梁和纽带，是国家政权的支柱，是职工合法权益的代表者和维护者；而相应地，雇主方面的组织，也主要是工商联合会、企业家协会、个体劳动者协会等，这些组织也都是党领导下的群众性组织。不管是工会还是雇主组织，都具有与西方工会或雇主组织的不同政治属性。因此，不能简单地套用西方产业关系理论，尤其是所谓的市民社会或公民社会概念或相关理论，来分析中国的产业关系问题，而是必须密切结合党和国家在工人问题上的意识形态、法律法规和方针政策，来对产业关系的协调方法进行理论探讨。

最后，工会社会工作者也需要对我国的企业现状以及企业内部雇主与员工的关系有准确的理论认识。虽然近几年来社会各界都认为我国的“人口红利”已经逐渐消失，但这并不意味着劳动力市场出现了重要逆转，就业问题仍然是个重要的经济问题，而且也是一个重大的政治问题，因为这直接关系到国家社会与政治稳定的全局。所以，工会社会工作者开展工作时，要注重就业问题的重要性，之所以要提及这一点，就是在于，人们可能会比较关注员工的工资、工时等雇佣条件方面的问题，但就业与工资、工时等雇佣条件有时会存在一些复杂的关联，如果不能全面的考虑问题，缺乏联系的眼光，只专注于某一方面，就容易顾此失彼。此外，在处理员工与企业关系的问题上，工会社会工作者们也需要有正确的立场和指导原则，要注意以创建“规范有序、公正合理、互利共赢、和谐稳定的社会主义新型劳动关系”为工作目标，即要以企业和员工的共同利益发展为基本职责①。

总的来说，我们此处只是将可能的理论问题逐一陈列出来，并进行一些探索性的分析和阐述，从而让工会社会工作者们能够对中国的工会社会工作理论问题及框架有个总体性的、系统性的了解。

---

① 2006年12月中华全国总工会第十四届执行委员会第四次全体会议审议通过的《企业工会工作条例》第一章第四条明确规定：“企业工会围绕企业生产经营，依法履行维护职工合法权益的基本职责，协调企业劳动关系，推动建设和谐企业，促进企业健康发展。”

第四章　工会社会工作中的个案工作方法

个案工作是社会工作服务中最重要和最基本的方法。与小组工作和社区工作方法相比，个案工作拥有最为久远的历史。本章将在工会社会工作的框架内介绍个案工作的定义、历史发展、伦理、工作过程和工作模式。

第一节　个案工作的内涵和伦理

长期以来，个案工作主要关注家庭和社区，往往忽略了工作领域。其实，一般成年人在退休之前，每天至少有八小时的时间在工作场所活动，因此工作领域中发生的各种个人困扰或问题，应该成为社会工作的重点关注对象。

社会工作关注个人的需求，当人们遭遇心理和社会问题时，无论原因来自个人还是社会，只有当个人自我功能或社会功能健全时，他们才可能自己处理并解决问题；当个人的功能出现问题时，就需要专业人士帮助他们解决问题。实际上，在职业领域，经济原因使得个人生存受到威胁，如经济不景气带来的下岗、裁员或减薪；身体疾病导致劳动能力受到损伤，如在工作岗位上遭受意外而导致伤残；心理压力导致个人精神健康不稳定，如工作压力过大而产生消极、抑郁等心理问题。这些问题的出现是伴随着组织生活在个人生命历程中不断增加的重要性而来的。随着人类现代化和工业化进程的深入，工作占据了越来越多的原属于家庭和社区的时间。家庭开始不断萎缩，家庭功能不断减弱，工作与家庭之间的矛盾变得越发尖锐，系统的矛盾可能会促发人们功能失调。因此，人们需要一种专业的力量来帮助解决这些矛盾。

西方发达国家很早就在工作领域开展了社会工作服务。其中，员工情绪管理和人际关系协调是个案工作可以发挥积极作用的领域。员工的情绪管理是对员工的情绪进行控制和调节的过程，它有助于个人更好地提升自我效能感并适应环境，也有利于企业提高生产效率和利益。企业内的人际关系是企业成员之间的相互交往，良好的人际关系有助于企业调动员工的积极性，增强员工的集体凝聚力，保证各项工作的顺利开展。个案工作在处理员工情绪方面和协调员工的人际关系方面具有独特的理念和方法。个案工作相信，许多个人的问题可以经由组织所提供的专业协助获得解决，员工可以运用组织所提供的服务发展出健康的生活，并强化问题解决能力，因而个人可以有更好的生命发展，组织也可以获得更有效的人力资源，结果个人与组织的目标能相互配合共同获得满足①。

在中国，工会工作实际上承担了处理员工情绪和协调员工人际关系的责任。新中国的成立使得城市人纳入单位体制之中，工会负责工作单位职工及其家属的福利保障工作，如住房、医疗、养老等，职工在遇到个人问题和人际问题时也会寻求工会的帮助。虽然工会工作和社会工作的工作内容有着相似之处，但两者无论在理念上还是方法上都存在着一

① 谢鸿均：《工业社会工作实务》，桂冠图书股份有限公司 1996 年版，第 111-112 页。

定的差别。在理念方面，由于中国的企业管理模式对员工的情绪管理并不重视，工会的主要工作并不是以处理该类问题为主，因此工会很少主动挖掘潜在的问题员工；在方法方面，工会主要使用的方法包括直接疏导法，如做“思想工作”，即从政治意识层面发现员工的问题，教育指导员工提高觉悟，改善态度。而个案工作更多是根据员工的需求，运用专业的模式方法解决员工的问题。很多时候，员工问题的出现是由于压力，这种压力可能源自工作，也可能来自工作区域外的场合，如家庭。个案工作会详细评估员工问题的成因，使用适当的干预策略，如认知模式（针对工作压力或人际关系不协调）或工作家庭平衡计划（针对家庭压力），甚至危及干预模式（自杀倾向），增进员工解决问题的能力，并促进合理而有效的生产环境。

改革开放以来，工会如何在社会转型的过程中发挥自己的功能优势，一直是工会研究者不断探讨的问题。而如果工会能够吸收个案工作的专业理念和手法，那么对于社会工作在工作领域中的本土化以及工会工作的转型都大有裨益。

一、个案工作的历史与发展

个案工作起源于1814年英国牧师查默斯（Thomas Charlmers）推行的救济贫民方法。查默斯白天访问全体居民，晚上则在学校或公共场所与贫民会谈，以接触教区内的每个家庭，了解家庭成员的生活状况；查默斯注重对受助对象的精神品德的塑造，并鼓励穷人使用“自然资源”。查默斯崇尚自然资源与当时社会对贫困的看法密切相关。19世纪中期资本主义的主流社会思想认为个人的失败与贫穷必须由自己负责，贫困的原因是由于懒惰。因此，查默斯希望穷人首先动用自己的家庭成员、亲戚、朋友网络和邻里社区来解决贫困问题，只有在所有这些资源网络都不能提供帮助时才给予公共救助。

继查默斯之后，随着社会责任在社会价值体系中受到重视，英国（1869 年）和美国（1877 年）成立了许多友好访问者协会，后来被称为慈善组织会社（The Charity Organization Society）。会社运用有组织的行动来救济贫民，推动了救助工作的个别化和个案工作的发展。慈善组织会社聘用了友善访问员（friendly visitor）去贫困家庭，调查贫困家庭成员的生活史、朋友和社会关系、工资水平与借贷状况，目的在于发掘那些“值得救助的贫民”。通过调查申请救济的人的需求，慈善组织会社统一登记并发放救济。在实践中，友善访问员发现贫困者并非人们想象中的那样彼此相同，而是每一个贫困者都有其自身的特殊成因和需求，应该区别对待。这种针对个别案主从事“家庭访视”及调查的行为，促进了慈善科学化的产生，会社的目标开始转向重塑案主功能，这是现代个案工作的萌芽。

友善访问员的培训促进了社会工作院校的发展，这反过来又增强了访问员在调查、诊断和处理问题时所需技能。作为巴尔的摩和费城慈善组织会社的执行干事，里士满（Mary Richmond）提供了大量的家庭个案服务，这使她拥有足够的实践材料进行总结。1917 年，已经在纽约社会工作学院执教的里士满出版了《社会诊断》（Social Diagnosis）一书。《社会诊断》采用医疗模式，将贫困作为一种疾病，友善访问员就像内科医生一样，在“研究——诊断——治疗”的框架下助人。当时的个案工作特别强调环境条件对个人的影响，当个人不能改变环境时，最好的方法就是使他脱离环境。

弗洛伊德的理论在 20 世纪二三十年代产生了重要的影响，个案工作也因此将焦点从关注外部社会因素转向关注个人的内在经验。精神分析理论为认识人的内部世界提供了理论分析架构，使人们对生活经验、人格构成以及压抑和潜意识在人格问题中发挥的作用有所了解。之后，在兰克（Otto Rank）精神分析的理论基础之上，经塔夫脱（Jassie Taft）

和罗宾逊（Virginia Robinson）的完善，功能学派（function approach）个案工作逐渐成熟。功能学派重视个人的主观经验，强调个人行为受内在心理及情感因素支配，行为改变的关键是个人，社会工作者需要与个人共同协商解决方法，改变个人的原动力。机构更多被视为改变的目标或工具，它需要充分发挥自身功能以协助个人改变。

从20世纪40年代开始，心理学和社会学的新流派不断出现，它们影响了有关个人和家庭以及社会工作专业的研究与实践。除了心理分析以外，主要的思想流派还包括行为学派（巴普洛夫和斯金纳）（Pavlov and Skinner）、人本主义学派（罗杰斯）（Rogers）、认知疗法（艾利斯）（Ellis）以及家庭治疗（米纽琴和萨提亚）（Minuchin and Satir）等。汉密尔顿（Gordon Hamilton）和霍丽斯（Florence Hollis）的心理暨社会学派（psychosocial approach）个案工作一度是个案工作的主流学派，它以“人在情境中”为中心理念，描述了人与环境的互动，形成了系统有机论的方法。之后发展出的问题解决学派（problem solving approach）个案工作，由波曼（Helen Harris Perlman）在20世纪50年代提出，它强调解决问题的模式包括四个组成部分，即求助者、问题、服务机构和解决过程。问题解决模式通过重复练习来恢复个人的自我功能，协助个人寻找资源和机会，顺利完成任务。在方法上，此派学者强调在解决问题的过程中需要将任务分段，逐步解决问题。20世纪60年代，行为修正学派（behavior modification）个案工作出现，它源自巴普洛夫和斯金纳的理论，通过学习来修正人的行为。20世纪60年代末，学者开始反思纯心理学倾向的个案工作研究方法存在的弊病，个案工作者重新对家庭、家庭动力和家庭成员的互动感兴趣。随着研究者和实践者的不断探索与创新，家庭诊断和家庭治疗等方法得到了发展。20世纪70年代初，任务中心（task-centered approach）个案模式见诸纸端。这是一种短期性的实务工作方法，用于解决个人或家庭存在的特定心理——社会问题。工作者和个人共同厘定出解决问题的行动方案，并给当事人指派任务，指导当事人的行动。

当前，社会工作在解决问题时融合了个人、家庭、小组和社区工作等多种方法，这意味着传统的、狭窄的社会工作范围已经得到了拓展。目前个案工作的趋势是将人放入环境中去考察，并强调个人与环境的互动是一个持续的双向互动过程。尽管个案工作的主要落脚点在微观和中观层面，但在评估和干预的过程中个案工作会涉及多个层面。显而易见的是，无论在哪个时代，个案工作以人为关注点的初衷并没有改变。①

二、个案工作的内涵

（一）个案工作是一种通才取向的社会工作

个案工作是一种通才取向的社会工作，专业社会工作者在工作取向和价值观体系的指导下，通过直接的、面对面的实务方法将心理社会、行为和系统概念转化成技巧，帮助个人和家庭解决心理问题、人际关系问题、社会经济问题和环境问题②。从这个定义中可以发现，个案工作将焦点放到个人和环境双重因素上，它运用系统模式和生态模式构建理论基础，分析社会系统内部和系统之间的相互作用。因此，专业个案工作者会从个人、家庭甚至社区方面，也即从微观、中观和宏观层面解决问题，并经常以微观层面作为切入点。

（二）个案工作是一种实践中的艺术

汉密尔顿认为，个案工作是一种有意识地调整个人与社会环境关系的过程。这是一种与人工作的艺术，社会工作者需要与不同的人一起工作，运用人际关系技巧，增强本人的能力和资源，以达到其对社会的适

---

① 王思斌主编：《社会工作概论》，高等教育出版社 1999 年版。

② Barker, R. L., *The Social Work Dictionary*, (5th ed.), Washington, DC: NASW Press, 2003, p. 402.

应。如此看来，个案工作不只是一门科学或学科，它也是一门艺术。因为它是需要透过实践才能学到的知识与技术，并且针对不同的案主可能会发挥不同的作用。

总的来说，个案工作不只是一门科学或学科，个案工作也是一门艺术。它要求工作者采用个别的、直接的服务方式，透过专业关系的运用，经由物质援助或心理支持和治疗，并协调与结合社会资源，协助案主澄清问题，发挥潜能，恢复或增强其社会功能，适当解决其问题①。

三、个案工作的伦理

一个优秀的个案工作者，在提供服务的过程中，需要谨守工作伦理，下面简要介绍个案工作的伦理守则。

（一）保密原则

社会工作者在提供服务的过程中，保密是非常重要的一个原则。所谓保密原则是指个案工作者在服务过程中获得的有关当事人的相关信息和资料，不能以任何方式透露给第三者知道，个案工作者需要尊重当事人的隐私。

保密工作有时也会出现伦理的两难。在会谈的过程中，如果个案工作者发现当事人有想伤害的第三者，应该如何处理？是保护第三者的安危，还是考虑继续保密？另外，当当事人卷入法律纠纷时，个案工作者可能被法院要求做证，或者被当事人所在公司要求提供案主和社工聊天的记录，工作者也需要在保密原则和法律原则之间进行抉择。

（二）案主自决

个案工作者需要相信，案主有权为自己的生活做出决定，工作者不能以高高在上的霸权主义态度替当事人做出选择。显然，这也不意味着

---

① 许临高等：《个案工作理论与实务》，五南图书出版股份有限公司 2010 年版，第 5 页。

工作者放任当事人，任其按照自己的想法实践，工作者需要与案主协商，引导并协助当事人做出合适的决定。

案主自决和干涉主义之间实际上只有一步之遥。因为个案工作者拥有知识和技术，在专业关系中，本质上工作者和当事人之间并不平等。工作者有时为了当事人的福祉和权利着想，需要对案主隐瞒咨询、说谎，甚至强迫介入或干预。例如，在公司中，如果案主与同事不合，相互不配合对方的工作，公司的工作效率就容易受到影响。面临这样的状况，即使案主本人并不想接受服务，个案工作者也会在公司的要求下进行干预。

（三）专业价值

个案工作者在专业服务中会与当事人形成专业关系，在专业价值指导下，协助当事人处理矛盾和困难。社会工作的专业价值是以人为本，帮助个人提升福祉。这是社会工作的指导思想。

个案工作者经常在多种组织中开展工作，多数工作者不仅需要遵守专业价值，也需要尊重甚至遵从其所在组织的规范，虽然这些组织的目标和文化可能与社会工作专业的价值相冲突。比如，企业管理或经营的主要目的是追求利润，工会社会工作则不然，两者经常会产生价值冲突。工会社会工作者在面临劳资双方冲突时，是应该中立还是偏向于某一方的权益？这需要工作者在遵守机构规范和坚持专业价值之间做出抉择。①

第二节　个案工作的过程

个案工作的过程就是开展个案工作的基本步骤。虽然不同的理论会

① 参见许临高等：《个案工作理论与实务》，五南图书出版股份有限公司2010年版。

强调不同的理念，这让个案工作的步骤会有所调整或差异，但基本环节还是共同的，即个案工作主要包括接案与建立关系、资料收集与问题判断、制订计划、治疗与服务、结案与评估五个部分①。

一、接案与建立关系

在接案与建立关系阶段，求助者与个案工作者初步接触，建立关系，将问题呈现出来。工作者对问题进行初步评估，依据所在机构的功能与求助者商讨是否可以提供服务，使求助者成为案主，或在有需要的时候提供转介服务。接案过程基本上从收集身份资料开始，在这个过程中，工作者需要适当地采用一些技巧。

第一，避免将求助者定义为“问题人”；

第二，专注地聆听是工作者在这个时期最重要的技巧；

第三，简明扼要的具体描述求助者的生命处境，减少求助人的求助焦虑；

第四，表现出同情心和无条件的接纳；

第五，激发求助者的希望，平衡其不舒服感，增强求助者成为案主的动机；

第六，工作者提供给求助者的服务也要看自己的能力，不能过早或过多地承诺②。

与其他专业领域略有不同的是，社会工作在解决问题的过程中更需要求助者积极参与解决问题的过程，因此求助者需要做出参与解决问题的承诺。在服务中的每一个阶段，工作者都以社会工作的价值观为指导，与求助者合作解决问题和完成相关工作，与求助者建立最佳的专业关系。

---

① 参见 Brammer, L. M., *The Helping Relationship: Process and Skills*. Prentice-Hall, 1979；许莉娅：《个案工作》，高等教育出版社 2004 年版。

② 许莉娅：《个案工作》，高等教育出版社 2004 年版，第 127 页。

工作者在了解问题的过程中，应当将重点聚焦于求助者眼下遇到的问题，而非工作者感知到的问题。因此，工作者需要详加区分求助者的求助意愿，对问题进行简单的评估，并运用专业的工作技巧消除求助者的不安，树立求助者解决问题的信心。

二、资料收集与问题判断

在这一阶段工作者可以根据求助者的需求有针对性的收集与求助者问题相关的资料，了解问题的情境和成因，界定问题的性质，识别求助者的优势和解决问题的方法。资料的优劣直接影响工作者对求助者问题的准确把握程度。由于人的行动与其所在环境密切相关，因此在获取资料的过程中需要从两方面入手：个人资料和环境资料。

个人资料包括四个方面：首先是个人的基本信息，如性别、年龄、出生地、教育程度、婚姻状况、职业和收入；其次是生理方面的基本信息，包括个人当前的身体状况、既往病史、遗传病、是否残疾等，生理因素的考察非常重要，因为生理问题可能导致心理问题的出现，而心理问题也可能引发生理问题；再次是心理方面的信息，包括个人的心理人格、自我概念和自我认知、心理防御机制、个人的问题分析能力、问题解决能力；最后是价值观，主要包括个人对世界、事物与人的看法。

环境资料包括个人所在的家庭、朋友、社区和工作环境等。工会社会工作的主要工作场合是工作环境，因此工作者需要对个人所在工作单位中的同事和环境特别关注。但很多时候，工作者需要注意环境的交互作用，如情绪问题的出现可能并非源于单位，而是家庭环境系统。

收集足够的信息后，接下来需要确定案主的问题。在评估问题时需要考察七个指标：问题是什么；案主如何看待这些问题，对问题解决的期待；谁涉及问题系统，如何参与问题系统；问题的原因是什么；问题行为产生的时间和地点、频率、强度和持续性；问题行为的历史发展；案主本身的资源、优势及问题解决所需要的资源①。

三、制订计划

制订计划是个案工作中一个重要的步骤。工作者对当事人眼前的问题和资源做出动态性评估后，就可以开始根据当事人的问题、机构以及案主自身的资源，制订出一份计划。好的计划应该包括以下几个方面：（1）有远见的目标；（2）具体的、可测量的子目标；（3）行动策略和方案；（4）达到目标所需要的期限和责任分工②。

在制定目标的时候，工作者和当事人需要相互协商、相互妥协，确认问题，排出解决问题的优先次序。目标要简单易懂，符合当事人的需要，并在案主的解决范围之内，具有可行性。目标的设定可以是多阶段、分主次的。长期目标用来为案主提供希望，相应地，短期目标则可以帮助案主积累自信和经验。所以长期目标和短期目标应该相互配合。同时，因为目标是由协商得出的，所以案主对提出的目标应该给予尊重和强化。

四、治疗与服务

治疗与服务的过程是计划实施的过程，工作者在此过程中需要与当事人保持专业关系，使案主信任工作者。治疗与服务的技巧包括面谈、记录、写信，内容则包括支持、鼓励、倾听、疏导情绪、澄清问题、改变行为、改善环境和提供信息。情绪的疏导有助于案主卸下问题带来的巨大压力，使案主安心；澄清问题和专业的支持倾听有助于增强当事人

① 扎斯特罗等：《社会问题：事件与解决方案》，中国人民大学出版社2010年版。

② Miley K. K., O' Melia, M. & DuBois, B. L., *Generalist Social Work Practice: An Empowering Approach* (2nd ed.), Boston: Allyn and Bacon, 1998.

的信心和力量；改变行为可以让当事人按照目标完成计划；改善环境和提供信息则是支持当事人进行改变的资源和动力。

在治疗与服务的过程中，工作者需要接纳当事人本来的面目，不可以用贴标签或评价性的方式定义当事人，也不要紧盯着案主的病态和缺陷。工作者需要相信当事人有能力改变自己，能够运用自身的支持系统和资源来改变问题状态，也能够配合工作者挖掘自身潜能去更好地适应社会。

五、结案与评估

个案工作在订立计划时就已经决定了工作的期限，当个人完成目标后或者因为一些原因不得不终止治疗和服务时，社会工作者就需要开始考虑结束工作。结案的过程是一个动态的过程，它可以成为当事人改变和成长的动力。适当的回顾取得的成绩，可以增加当事人的信心；勾画一些现实的目标，也有助于当事人获得期待。有效的结案传递的信息是社会工作者对案主的信任。

在结案过程中，一些人并不能很快接受这种信赖关系的结束，并由于信心不足而产生矛盾的心理；一些人可能在结案时出现行为的退化，或者拒不接受结案的建议。如果不能及时处理这些问题，就可能会出现前功尽弃的结果，双方的投入不能起到良好的效果。因此，社会工作者需要提前告知当事人结案的时间，给案主充分的思想准备，并通过检视当事人取得的成绩增强信心。如果案主仍有疑虑，社会工作者可以和当事人进一步讨论结案后当事人所需面临的情景，缓解当事人的压力和对未来的焦虑。一些人会在与社会工作者分离时产生情绪，社会工作者可以借此机会帮助当事人检视自己的改变，坦然面对离别的负面情绪。

第三节　个案工作的模式

个案工作的模式是个案工作开展的手段，它需要依靠理论作为支撑，在实践过程中才能够变成艺术，达到助人目的。下面简要介绍一下个案工作的模式。

一、心理暨社会模式

心理暨社会模式是最早发展出来的个案工作模式之一。该模式的概念体系经过学者的不断探索和努力，已成为当今美国最具影响力的模式方法。心理暨社会模式有时也会被称为“诊断模式”，它可以追溯到里士满的《社会诊断》一书。随着该模式的不断发展，它吸收了不同的理论作为基础，如心理分析理论（Psychoanalytic Theory）、自我心理学理论（Ego Psychology）、客体关系理论（Object Relation Theory）、角色理论（Role Theory）、系统理论（System Theory）及认知理论（Cognitive Theory）等。

心理暨社会模式是一种将案主心理和它所在社会环境进行关联的工作方法，因此“人在情境中”是该模式的一个重要概念。“人在情境中”要表达的是，人不能被看作一个完全独立存在的个体，如果想了解人的内部心理世界，就需要从人与情境两者之间的交互关系入手。其中，“人”是指个人内在的人格发展和自我功能，“情境”是指个人生活的社会网络及物质环境，如家庭、学校、工作场所等。心理暨社会模式注重过去经验对个人带来的影响，但也注重个人的心理状况和行为方式。对心理和社会的双重关注有助于个案工作者整体地了解当事人，分析个人的生理、心理和社会问题。在心理暨社会模式中，人的行为是个人内在心理和所处社会环境相互作用的结果。如果个人社会适应失败或功能不良，案主就会产生问题。随着个人及其所处环境的改善，当事人能够获得人格成长并适应环境①。

心理暨社会模式的实施程序可以大致分为五个阶段：（1）开始阶段。在建立充分认知的基础上，了解当事人与工作者接触的原因，并与当事人建立关系；（2）心理社会研究。界定问题，了解当事人如何看待这些问题，收集有助于解决问题的相关资料；（3）诊断性预估。正确预估收集到的资料，确定问题形成的因素及其相互间的关系，将资料进行归类。（4）治疗。一方面通过支持性技术和直接影响的技术直接消除个人压力；另一方面是接触与当事人有关的人或机构，对案主的环境做改善或修正。（5）结案与追踪。注意案主的退化行为，依据案主的情况，为结案预先做出准备②。

由于该模式相信个人需求、能力和人际网络的独特性，因此模式的实施程序可以随时视情况需要加以修改，按照需求评估采用新的策略和方法。在程序实施过程中，个案工作者需要鼓励当事人将期望和看法表达出来，并根据问题构建出相应的计划。同时，个案工作者应该将焦点放在案主的性格、其过往的生活经验、个人所在的社会环境以及这些与个人当前行为的关系。

二、问题解决模式

问题解决模式个案工作是从心理暨社会学派分离出来，它借鉴了功能学派的一些观点，发展出了一种综合模式的个案工作。问题解决模式的个案工作是一个运用社会福利机构的过程，它透过机构的协助使个人

---

① Hollis, F., *Casework: A Psychosocial Therapy*. N. Y.: McGraw-Hill, 1990.

② Hollis, F. & Woods, M. E *Casework: A Psychosocial Therapy* (3rd ed.), N. Y.: Random House, 1981.

更有效地处理他们的问题，发挥其社会功能。

问题解决模式强调将问题解决的过程分解成一个连续的过程，有阶段、有步骤地解决问题。问题解决模式提出问题解决的五个阶段，包括：（1）接案。个案工作者接受当事人的委托，初步了解当事人的问题。（2）资料收集和问题探索。探讨当事人关心的问题，确定问题类型，澄清问题，根据问题的严重程度进行排序。（3）计划与订立契约。确定问题解决的先后次序并制定出所要达到的目标与子目标。（4）介入。按照计划采取行动，一步一步朝向改变。（5）结案与评估。达到目标要求，制订一个预防问题再发生的计划[①]。

随着问题解决模式的不断发展，系统理论、生态理论、优势视角和赋权视角被融入这一模式，使问题解决模式更加多元丰富。问题解决模式是一个连续进行的任务过程，在这个过程中，外在环境因素和前一阶段的结果都会影响任务过程。因此，社会工作者需要充分地使用“预估”，无论是常规的预估，还是偶发情境的预估；在考虑问题的优先排序时，也要考虑情境因素和策略因素；问题在解决的过程中应该优先考虑具有优势条件的方案。实际上，问题解决模式不仅考虑环境的优势条件，它同样注重当事人的优势条件和社会工作者的优势条件，这实际上反驳了持“优势视角”理念的工作者对问题解决学派的批评。问题解决模式也为其他模式奠定了理论基础，如危机干预模式（crisis intervention）和任务中心模式。

三、危机干预模式

危机干预原本带有很强的治疗取向，它是一种短期的（1—12周）、为处于危机的人提供快速有效介入的专业服务。这一模式的代表人物是

① Christensen, D. N, Todahl, J., & Barrett, W. C., *Solution-Based Casework: An Introduction to Clinical and Case Management Skills in Casework Practice*. N. Y.: Aldine De Gruyter, 1999.

林德曼（Erich Lindemann）和卡普兰（Gerald Caplan）。然而，经过O’-Hagan和Thompson的发展，危机干预模式开始与反压迫模式相关。危机干预模式的主要理论来自自我心理学和社会学习理论等。

危机可以分为两种类型：第一种是突发性危机，即突发事件使生活发生了改变，引发了适应问题，如地震、灾难、至亲突然离世、车祸等。在相同的突发事件下，有一些人可以顺利度过，而有一些人则会陷入无助，并出现危机状态。危机状态能否出现实际上受到两个因素的影响，一个是案主是否正面临多重压力，另一个则是案主惯常使用的解决问题的方法是否失灵。第二种是转折性危机，即人们在不同的生命转换过程中，可能产生的危机或压力，如离婚、退休等。

危机是一个过程，卡普兰认为这个时期会持续六个星期。因此，危机干预的个案工作讲求高度的工作效率和效果，强调能力的增加和问题的解决。一般说来，危机干预模式的个案工作策略如下：（1）了解当事人面临的危机、危机产生的原因、先前的应对方式、危机的严重程度；（2）透过积极倾听处理当事人的情绪问题；（3）确定危机干预策略，并运用危机干预模式减轻个人压力；（4）协助当事人选择一种有效的压力调适方式，以首要解决当事人危机程度最深的问题为原则①。

四、任务中心模式

与问题解决模式一样，任务中心模式也是将焦点从个人治疗转向问题解决。任务中心模式的理论基础包括社会学习理论、沟通理论、系统理论、认知理论等②。任务中心模式主要应用于八类问题：人际冲突、

---

① Roberts, A., Bridging the Past and Present to the Future of Crisis Intervention and Crisis Management. In Roberts, W. (ed.), *Crisis Intervention Handbook-Assessment, Treatment, and Research*. N. Y: Oxford University Press, 2005；曾华源、李自强主编：《社会工作直接服务——理论与技巧（第六版）》，红叶文化股份有限公司2008年版。

② 谢秀芬：《社会个案工作——理论与技巧》，双叶书廊2002年版。

不良人际关系、与正式组织之间的问题、角色困难、社会转型问题、情绪压力、资源不足及行为问题①。

所谓任务是指个人为解决问题而需要做的工作。任务是与目标相关联的，行动则是达到目标的手段。任务中心模式个案工作的工作程序可以分为四个阶段。首先是界定问题。任务中心模式是以问题为取向的，因此当事人要知道问题的存在，承认这是一个问题，愿意处理这个问题，并有能力处理这个问题。其次是界定任务和当事人。个案工作者根据当事人的能力设计可行的任务，议定目标并签订契约，工作者只有精准地评估当事人的情况，才能够有效协助当事人，而这就需要工作者在会谈过程中仔细倾听当事人对自身问题的看法以及自身的期望。同时，只有当事人承诺按照要求完成任务时，他才是“合格”的当事人。再次是执行阶段。要求工作者将任务分解成一系列次任务，并按照计划执行这些次任务。工作者需要相信当事人有解决问题的能力，解决问题的关键就是案主本人。最后是评估阶段。工作者评估当事人是否在一定时间内完成最初签订的目标、案主解决问题的能力是否提升，并决定是否应该结束契约②。

总的来说，任务中心模式整合了对任务和时间的控制，要求个案工作者以案主为重，增强案主解决问题的能力，目的是达成任务和减轻问题。

五、认知行为模式

认知模式和行为模式其实是不同的两种模式，认知模式强调认知对行为和情绪的影响，而行为学派更看重环境对行为的塑造。然而，认知

① 宋丽玉等著：《社会工作理论——处遇模式与案例分析》，红叶文化股份有限公司2002年版，第189-216页。

② 潘淑满：《社会个案工作》，心理出版社2000年版。

模式也离不开行为模式。因为认知模式在治疗过程中，为了改变扭曲的认知或想法，需要运用行为改变的手段技巧。

（一）认知模式

认知模式的个案工作将焦点集中在人的认知上。艾利斯（Ellis）认为，人的情绪结果是由个人的信念系统，而非由某些引发事件所构成。换言之，个人的非理性信念引发了人对自己和事件的认知，这些认知的结果是情绪反应：认知如果是理性的或者合乎现实的，情绪和行为就不会产生偏差；当认知不够理性而产生非理性信念时，个人就会产生不良的情绪和行为，这时就需要改变当事人的非理性信念。这就是理性情绪疗法①。

贝克（Beck）认为，个体的想法能否发挥适应的功能是个体是否出现问题的关键。当个体背后的认知系统发生扭曲，即在处理日常生活信息的过程中对所取信息加以扭曲，则会造成内在情绪受到影响。他总结了六种扭曲的认知类型，包括随意归纳、断章取义、以一概全、判断失衡、归因个人化和想法两极化②。

解决认知扭曲的方法就是认知重建，也就是协助当事人看到认知与情绪之间的关联，然后指出当事人的非理性情绪，要求个人检验自己的认知方式，构建新的认知系统模式。

（二）行为模式

行为模式的个案工作基于行为主义理论。行为模式强调，案主的行为是可以改变的，而改变的过程是透过外部世界学习获得的。学习包括四种形态：反应学习、操作学习、观察学习和认知学习。

---

① Ellis, A., *Rational - emotive Behavior Therapy*. In Raymond Corsini and Danny Weeding (ed.), Current Psychotherapies, 1995, pp. 162-196; Ellis, A., *Reason and Emotion in Psychotherapy*. New York: Lyle-Stuart, 1996.

② Beck, A. & Weishaar, M., *Cognitive Therapy*. In R. Corsini and D. Wedding (ed.), Current Psychotherapies, 1995, pp. 229-251.

反应学习。虽然很多无条件反射不受人的控制，但条件反射却是一种学习形态，是一种使未制约反应变成制约反应的行为。狗在喂食时会本能的分泌唾液；当摇铃后再给狗喂食，狗就会逐渐变成听到响铃就分泌唾液。虽然食物没有出现，但狗却习得了这种条件反射。这就是一个特定事件后的特定反应。人的紧张、焦虑、恐惧等不悦的感觉就是透过这种联系而获得的。

操作学习。操作学习研究的是通过改变条件来改变行为。当狗啃坏家具时，主人会惩罚它，以此来制约啃家具行为的发生；同样，当狗在卫生间大小便时，主人会奖励它，来鼓励卫生间排泄的行为。由于改变条件就改变了结果，因此可以通过控制特定的条件来改变行为。

观察学习。观察学习是通过观察他人而进行的学习过程，也就是一种模仿和避免犯错的行为。这种学习在日常生活中随处可见，什么可以吃、什么不可以吃、什么事情可以做、什么事情不可以做。

认知学习。认知学习以前文提到的认知模式为理论基础，认为人的感受和思想会影响人的行为①。

行为模式的主要疗法包括厌恶疗法、系统脱敏法、满灌疗法、行为修正法等。

第一，厌恶疗法是通过负强化的方法使案主在出现不当行为后受到惩罚，以此减少甚至消除该行为。

第二，系统脱敏疗法是为了消除当事人的不良反应，诱导当事人亲临或想象出引起情绪的情境，运用心理放松的状态来对抗情绪，减少甚至消除不良反应。

第三，满灌疗法也称暴露疗法，它不需要案主进行放松训练，直接为案主呈现最强烈的刺激源，以迅速削弱个人对刺激的敏感反应。

---

① Gray, P., *Psychology*. New York: Worth Publishers, 2007.

第四，行为修正法是以循序渐进的方式对期望出现的案主行为给予奖励，通过正强化增加这种行为出现的频率。①

认知行为模式的治疗步骤包括三部分。首先是初期会谈，建立关系，了解案主对治疗的想法和感受，厘清不切实际的期待，针对问题选择适当的认知行为技巧；其次是中期和后期，重点转移到思维模式，通过检视案主的想法来显示情绪和行为之间的关联，并鼓励案主挑战干预生活功能的扭曲想法及其背后的假设；最后是结束和追踪，在第一次会谈时便需告知案主结案计划，并随着问题的解决而逐渐减少会谈次数，直到结束。在结案后一两个月内，可以再安排一次会谈，协助案主应用和巩固学习到的技巧②。

① 法利著，隋玉杰译：《社会工作概论》，中国人民大学出版社 2010 年版。

② Gallagher-Thompson, D. & Thompson, L. *Applying Cognitive-Behavioral Therapy to the Psychological Problems of Later Life*. In S. Zarit & B. Knight (ed.), A *Guide to Psychotherapy and Aging*. Washington. DC: American Psychological Association, 1996.

第五章　工会社会工作中的小组工作方法

小组工作是社会工作的三大方法之一，它是利用人的合群取向，有目的的帮助个人、小组和社会来实现自己的目标。小组工作的历史虽然不悠久，但它的优势却使其成为社会工作的主要方法之一。工会社会工作的工作场所非常利于小组工作发挥自身优势。本章将重点介绍小组工作的含义和历史发展、小组工作模式以及小组工作发展过程。

第一节　小组工作的内涵和历史发展

每个人都有与其他人进行交流、获得其他人的理解和爱的需要，并在此过程中与他人结成团体或组织，而这种团体的状态反过来能帮助人们去认识和解决自己的问题，从而获得更好的发展。社会工作专业在实务开展的过程中，逐渐发现并利用团体的这种功效来开展工作，形成了自己的基本方法之一，即小组工作。

一、小组工作的定义

在社会工作专业中，有许多不同的理论探讨小组工作的定义，因此小组工作也因为理论视角的不同而具有许多定义。根据不同学者的观点，可以归纳出小组工作的如下特点：

（一）小组工作是以目标为导向

托斯兰（Ronald Toseland）和里瓦斯（Robert Rivas）认为，小组工作是以目标为导向的活动，它以满足社会情感需求、完成任务为目的。小组活动都是通过服务提供系统，直接面向参与小组的个人和整个小组的。

内森（Helen Northern）认为，在社会工作专业目标范围内，社会工作实务中的小组工作目标在于通过小组帮助组员应付和解决个人的社会心理功能性问题，预防问题的产生，或者保持一种功能性水平，防止问题的进一步恶化。小组工作还可以发展出更有效的小组模式，维护机构的功能性，消除环境发展障碍。在所有的小组中，小组的效果都会因为参加小组的组员们的期望、需要、能力和状况的不同，以及小组的目的和性质的不同而各不相同。

（二）小组通过组员合作促进个人成长

科诺普卡（Gisela Konopka）强调，“小组工作是一个旨在通过鼓励组员的参与，最大限度地发展个人能力的方法。通过参与小组的活动，个人从中得到学习和成长”[①]。科伊尔（Grace Coyle）则是这样解释小组工作的：小组工作是各种志愿结合的团体在闲暇时间内由小组工作员协助实施的教育过程。小组工作旨在团体中通过个人人格的互动，促进个人成长，以及为了达成共同的目的，促成团体成员间互助合作[②]。

（三）小组工作形式多样手段丰富

巴克（Robert Barker）是这样定义小组工作的，“小组工作是一种

① 吉赛拉·科诺普卡著，廖青碧、黄伦芬等译：《社会团体工作》，桂冠图书公司 1994 年版。

② 法利著，隋玉杰译：《社会工作概论》，中国人民大学出版社 2010 年版。

社会工作干预的方向和方法。按照这种方法，几个具有同样兴趣或面临同样问题的人定期聚会，参加一些预先设计的活动，以实现某些预定的目标。与小组心理治疗不同的是，小组工作的目标不仅仅是治疗个人的情感问题，还包括信息的交流，发展组员的社交技巧和动手能力，改变组员的价值导向，将他们的反社会行为转化为创造性行为。干预的技巧包括控制性、治疗性讨论，但不仅限于这些。有些小组还包括教育和指导，运动、艺术和手工、娱乐活动，对政治、宗教、性行为、价值观和目标等问题开展的讨论等”①。

总的来说，小组工作是一种方法，它是由知识、了解、原则、技巧所组成。透过个人在机构中的各类小组，借助小组工作者的协助，引导小组组员在小组活动中互动，促进组员彼此建立关系，并以个人能力与需求为基础，获得成长的经验，旨在达成个人、小组、社区发展的目标。

二、小组工作的历史发展

1844年，一个名为乔治（William George）的商店学徒，与自己一样移民到城市谋生的青年人组织起来，创立了世界上第一个青年会。20世纪五六十年代，美国发展出“美国基督教青年会”，这些机构开始提供独立的小组活动，目的是通过组织团体活动促进青少年的健康发展。

1884年，伦敦成立了第一个睦邻会社“汤恩比服务中心”(Toynbee Hall)，目的是通过居民自助的方式解决移民的生活适应问题。1889年，亚当斯（Jane Addams）在芝加哥建立了“胡尔服务中心”(Hull House)。此后，其他类似的服务会社也纷纷成立，如犹太人社区中心（Jewish Community Centers）和青年希伯来人协会（Young Men's and Women's Hebrew Association）等。这些服务中心的宗旨就是帮助贫

① Barker. L., *Groups in Process: An Introduction to Small Group Communication. Englewood Cliffs.* NJ: Prentice-Hall, 1987.

民改善工作和生活条件，通过聚会和互动，促进他们发展，提高他们适应生活的能力。在这一阶段，小组工作缺乏专业认同。尽管来自青年会的领导或睦邻组织的社会工作者拥有教育或心理学背景，但他们在如何运用小组，以及专业前景方面并没有达成共识。

1923年，查德希（Midred Chadsey）在美国西方储备大学开始讲授与小组工作相关的课程，1927年，这个课程被正式命名为“小组工作”（group work）。1935年，在美国社会工作年会上，出现了有关小组工作的讨论；1936年，美国小组工作研究协会成立；1946年研究会更名为美国小组工作者协会。1955年，几个不同的社会工作专业协会合并成立了一个整合性的专业团体——美国社会工作者协会。协会制定出小组工作的专业性标准文件，并将小组工作扩展到更大的范围领域内①。实际上，20世纪30年代开始，人们已经开始使用社会小组工作以区分上一章提到的社会个案工作方法。

小组工作特别强调集体行动和民主生活，这成为小组工作早期的一个重要根据地。到了20世纪四五十年代，精神健康机构开始更多地使用小组工作来为病人提供治疗。即便这样，运用小组工作来实现教育和娱乐功能的人还是很多，如女童子军和基督教女青年会。进入20世纪60年代后，小组工作开始出现衰退，一些项目的策划者认为小组工作服务在抑制青少年犯罪中没有发挥重要作用；另外，20世纪60年代中期社会工作专业出现了一个新趋势，即尝试从通才的角度发展社会工作实务。学校也开始整合各个专业，开设整合性课程。20世纪八九十年代经历了一场小组工作的复兴，人们致力于推广小组工作，小组工作推广协会（The Association for the Advancement of Social Work with Groups）不断发展，成为一个国际性组织，社会小组工作促进会还制定了小组工

① 卡文著，孙碧霞等译：《社会团体工作》，红叶文化事业有限公司2000年版，第38页。

作教育的规范标准。

三、小组工作的价值观

小组工作深受一套系统的专业价值观影响，这些价值观除了与社会工作价值观相符外，还具有一些小组工作的特色。根据科诺普卡的观点，社会工作者应该具有以下价值观：

一是在不同的肤色、种族、年龄、国籍和社会阶层的人组成的小组中，促进建立积极的人际关系。良好的人际关系有助于组员敞开心扉，愈合创伤，提升团体意识，促使个人成长。

二是重视合作和共同角色，重视参与式的民主原则。社会工作者应当强调平等和参与，保证每个组员都能够有机会发表自己的观点，并有参与小组行动的权利。

三是关注小组中的个人创造性。个人对小组的贡献经常源于打破常规，社会工作者应当欣赏组员，帮助组员建立自信，协助他们完成自助。

四是重视组员个人具有的参与自由，包括自由表达自己的观点和感受，个人具有参与小组决策过程的权利。尊重组员的选择，并为组员提供足够的空间和机遇，使组员之间学会尊重和欣赏。

五是重视小组中的高度个别化，确保组员独特的问题得到关注。社会工作者既需要把握整个小组的进程，也需要照顾到每一个组员。

第二节　小组工作的理论与模式

小组工作作为一种方法和过程，实际上吸收了不同学科的知识，以帮助人们改善生活质量。其中，系统理论是小组理论的基础，但还有其他的社会学和心理学理论也对小组工作产生了重要影响。正是在这些理论的基础上，随着实务经验的不断增长，社会工作者形成了独具特色的模式。

一、小组工作的理论

（一）系统理论

在解释小组功能的理论中，系统理论是运用得相当广泛的理论。系统理论将小组看作一个互动系统，由几个相互依存的成员构成，他们维持秩序和平衡，使小组能够作为一个整体发挥作用。小组有着自身的目标，为了完成目标，小组需要适应外界，排解压力，整合资源。根据帕森斯（Parsons）的观点，一个小组作为一个系统，需要完成四个主要的功能性任务：（1）整合：确保组员之间能够相互协调配合；（2）适应：确保小组能够不断改变以适应外部环境；（3）模式维持：确保小组运作整体过程的稳定性以及小组目标的认可性；（4）目标实现：保证小组能够完成自身的任务①。

贝尔斯（Robert Bales）也是从系统理论来解释小组的，但通过对实验室任务性小组的观察，贝尔斯认为小组是一个社会系统。它在维持自身发展的时候需要解决两方面的问题：一是工具性问题，如小组目标的实现；二是社会情感问题，包括小组内人际关系的协调问题和组员的满意度问题。与帕森斯的理论相比，贝尔斯的理论更强调小组的过程性，即社会工作者需要同时关注组员的社会情感需求以及小组期望完成的目标。如果小组只关注任务的完成，可能会导致组员的不满意甚至冲突；而对组员情感的过多关注，也可能会导致小组无法完成既定的目标②。

霍曼斯（Homans）最早将系统理论应用于小组动力学的研究中。在他看来，小组并非一直处于一种平衡的状态，作为一个不断变化的实

---

① Parsons. R. , *Empowerment*: *Purpose and Practice Principle in Social Work*. Social Work with Groups, 1991, 14 (2), pp. 7-21.

② Bales. R. , *Interaction Process Analysis*: *A Method for the Study of Small Groups*. Chicago: University of Chicago Press, 1976.

体，它与环境进行互动，努力争取平衡。小组有两个系统，一个是内在系统，一个是外在系统。内在系统是小组在完成自身功能的过程中所需要的系统环境，它由小组的互动模式、小组的内部规范组成；外部系统是小组所需适应的外部环境，既有社会环境也有物理环境①。

总的来说，小组作为整体所表现出来的特征源自小组内组员间的互动。组员间的互动会产生小组力量，并对小组成员的行为产生影响。小组既要适应外部环境，又要保护自身的功能运作。当遇到冲突时，小组会努力维持自身的完整。

（二）学习理论

学习理论在小组工作中产生一些争议，因为学习理论的焦点在于个人行为而不是小组行为，因此学习理论被认为不重视小组自身的动力。此外，也有学者认为学习理论过于强调环境的重要性，忽略了人本身具有的能动性。这与小组工作的成长性价值观相违背。即便如此，需要承认的是，学习理论确实对小组工作产生了重要的影响。

学习理论提出了三种学习方法。第一种是经典条件反射，在此方法中，行为和刺激是相互联系的。小组工作者可以通过建立条件反射的方法，提供某种能够引起行为发生变化的外部条件，并引导组员做出改变。例如，某一个组员听到社会工作者的鼓励会开心，社会工作者每次鼓励该组员时都会要求大家使用“爱的鼓励”，随着时间的推移，当该组员听到“爱的鼓励”时他的心情就会变好。第二种是操作性条件反射，社会工作者可以通过奖励和惩罚的方式强化或抑制组员的行为。当组员耐心倾听其他组员说话时，社会工作者可以使用鼓励的方式增加组员倾听的意愿；同样，当组员经常打断其他组员说话时，社会工作者则可以惩罚该组员，引导他尊重其他组员，减少随意打断别人的次数。第

---

① Homans, G. C., *Social Behavior: its Elementary Forms*. Revue Française De Sociologie, 1974, 3 (4), pp. 479-502.

三种是社会学习，这种方法的学习是通过观察以及想象强化而获得的。当某一个组员因为愿意配合社会工作者的活动而受到赞扬时，其他组员也会重复这种行为，目的是获得同样的赞扬。而当该组员因不愿配合社会工作者的活动而受到忽视甚至惩罚时，其他组员则不会学习他的行为，因为他们了解行为可能带来的负面后果。

（三）心理动力学理论

与学习理论一样，弗洛伊德的心理动力学理论也较为关心个体而不是小组的心理治疗。但弗洛伊德的追随者将其理论应用于小组工作中，对小组工作产生了非常重要的影响。根据心理动力学理论，小组组员会在小组中表现出自己早年生活经历中没有解决的冲突，也就是说，小组是家庭情景的再现。小组组员会根据自己的生活经历，对社会工作者或其他组员形成移情反应。社会工作者以移情和反移情为契机，解决组员过去的行为模式，并将过去的行为模式与现在的行为相结合，解决组员没有意识到的冲突和矛盾。意识会产生一种“顿悟”，它是组员改变行为的核心因素。

以心理动力学理论为基础的小组工作实践可以帮助人们建立起更好的人际交往能力、解决个人问题。高凝聚力的小组为组员提供一个安全的环境，使组员获得足够的支持，来表达自己内心的冲突和矛盾。

（四）小组动力学理论

小组动力是描述小组中的各种力量变化和影响的过程。勒温（Kurt Lewin）认为，“小组有一个生命空间，在这个空间中，小组占据了一个其他物体相对应的位置，它会朝着小组目标的方向前进，在向目标运动的过程中，不断克服各种苦难”。因此，小组是一个不断演进的实体，它推动组员沿着既定的方向实现目标。其中有四个团体动力维度特别重要：一是社会控制结构，如角色（组员的地位和权利）、规范（小组内部的规则）、权力（组员相互影响的能力）；二是凝聚力，指的是小组内部的吸引力，这种吸引力既存在于组员之间，也存在于组员与小组之间；三是沟通与互动模式，小组中组员彼此接触所产生的相互作用的力量，这种力量可以造成参与者行为与态度的修正；四是小组文化，指的是小组成员共同坚守的价值、信念、风俗习惯和传统。

根据爱丽思和费希（Ellis & Fisher）的观点，影响小组动力系统的主要变项过程有三个：输入因素、过程因素和输出结果。这三个变项因素交替循环、互相影响，并且会因环境的改变而做出相互关系的调整。

输入因素是指那些影响到小组建构的因素，主要包括个人和小组两个方面。个人方面包括：加入小组的每个人的气质性格、人格特质、能力、技巧、态度、经验以及知识、信息等的总和。小组方面包括小组资源、小组规模和小组目标。小组的资源是指小组的有形资源（如财力、设备、活动场所等）和小组的无形资源（如活力、精力、热情、意愿等）。小组的规模需要根据目标而定，太小缺乏多样性，太大则无法满足成员的交流需要。小组的目标应该与个人目标相协调，小组的目标决定着小组的前进方向。

过程因素是指在小组过程中哪些实际活动会对小组产生的影响。这些实际活动包括：沟通模式、凝聚力、工作与参与规范、小组做决定的程序和小组领导等。

输出结果指的是小组运作的产物和形成的成果。这些成果包括有形可见的一些书面报告、备忘录，或以不同文件形式存在的成果，还包括一些无形的、不容易直接观察到的结果，如个人在小组中形成的新的人际关系，个人在生活上新的技巧的获得，小组凝聚力的增强，小组在做决定方面的能力提升，以及成员满意度的提升等①。

小组动力学理论注重小组组员的特征以及小组的凝聚力。这一理论

① 刘梦主编：《小组工作》，高等教育出版社 2004 年版，第 40-42 页。

认为，当个人无法了解他人的行为时，他就没有办法改变自己的行为。因此该理论重视成员了解自己的行为对组内其他人产生了何种影响。这样，组员能够更好地了解其他人的想法，并增强小组的凝聚力。此外，组员对小组目标和规范的认可度、共同的理解和类似的地域背景以及组员的生产率、满意度均会影响小组的凝聚力。

二、小组工作的模式

小组工作的模式是小组为了实现自身目标而提出的概念化设计。帕佩利（Papell）和罗斯曼（Rothman）提出了小组工作的三种模式，即社会目标模式、治疗模式和互惠模式①。社会目标模式的主要功能是控制和预防；治疗模式的主要功能是康复和培育；互惠模式则包含前面两种主要功能。

（一）社会目标模式

社会目标模式（social goals model）的小组形成与发展是由于一些社会问题引起了某些公众的兴趣，使一些人整合在一起。考虑到兴趣经常伴随着重要的社会利益，社会目标模式与小组的利益之间具有密不可分的关系。社会目标模式下的组员可以是全社会的所有公民，特别是社会弱势边缘群体。由于小组是开放的，所以小组成员可以自由选择进入或退出。这一模式的本质是民主，它强调社会意识、社会责任和社会变迁。在这一模式下，组员的民主意识和自尊心得到提升，并进一步提高了自身的社会适应能力。这种模式是由早期社会小组工作的传统发展而来，它通常解决的是社区内存在的问题，以及与社区发展相关的问题。

在社会目标模式下，社会工作者的角色是一个使能者，通过运用自身的专业知识和技巧，帮助组员了解民主的理念，增强组员的公民责任

---

① Papell. C. & Rothman. B. Social Group Work Models-Possession and Heritage. *Journal of Education for Social Work*, 1962（2），pp. 66-77.

心，提高组员自身的能力，鼓励组员做出行动，聚合在一起推动社会变迁。社会目标模式假设每个人都具有参与社会管理的潜能，只要个人有一个集体性的小组目标，那么这种个人追求就可以转变成社会责任。

（二）治疗模式

治疗模式（remedial model）的小组工作是一种偏重临床性的小组工作。治疗模式下的组员通常是有较严重的情绪问题、行为障碍、人格问题、精神异常或者有社会偏差行为的人。因此，治疗模式的功能是治疗小组中的个人，透过小组来改善组员心理、社会和文化的适应问题，帮助个人获得自我意识，改善社会功能。其中，小组是矫正个人行为和态度的媒介和手段。治疗模式的应用非常广泛，包括精神服务、矫正机构、家庭服务机构、学校、健康照顾机构等。与社会目标模式不同，治疗模式更关注小组中个人的问题与行为，其介入的重点在于小组成员的行为改善，而非社会环境的变迁。

在治疗模式中，社会工作者的角色是变革者。社会工作者运用行为修正理论研究、诊断和治疗组员的问题，促进小组成员的沟通，支持小组成员增强自我意识并修复社会功能，以达到行为的变化。社会工作者在治疗模式中是具有权威性的，他需要有足够的能力来研究问题、判断成因、制订小组方案并安排治疗，同时他还要时刻控制小组的进程，维持小组的规范。

（三）互惠模式

互惠模式（reciprocal model）的小组工作认为，小组成员与社会之间存在着一种动态的系统关系，小组是一个有机体，它关注小组成员和整个系统之间的互动，通过这种互动关系来理解个人，帮助人们解决问题，实现潜能。在互惠模式中，个人“将自己的需求感与小组集体任务的社会需求发生关联”，具有互惠的动机和能力，是平等的个人。互惠模式的小组工作没有特定的治疗方案或预设的目标，它的重点在于组员组成小组，参与和投入的过程，这个互动过程是解决问题的一个必要条件。组员的积极参与沟通决定了工作的方向，也是组员问题得到解决的关键。

在这个模式中，社会工作者的角色是一个调解者，他不能把握小组的进程和方向，也不设计小组的方案，而是小组系统中的一个组成部分。他的工作是与组员同行，一起分担小组的责任。

在工会小组工作中，有关员工职业规划和员工休闲活动都可以成为互惠模式的小组。这种小组并不需要社会工作者具有较强的权力，具有较强的发展性。组员可以在与社会工作者互动的过程中探索自身的职业规划和兴趣爱好，发挥自身的潜能，在互动的过程中达到互惠的功能。

第三节　小组工作的发展过程

小组并非一成不变，它是不断发展和成长的，很多学者试图界定小组的发展阶段。贝尔斯认为小组的发展阶段由导入、评估和决策三个部分组成；卡兰德（James Garland）等人从小组人际关系的角度出发，将小组发展阶段分为五类，附属前期、权力和控制期、亲密期、差异期和控制期①。实际上，小组工作的发展阶段分类并没有定论，虽然小组经历着发展的过程，但是这种过程并非一种线性过程，小组既可能不断前进，也存在循环或摇摆的状态。特斯兰（Ronald Toseland）和里瓦斯（Robert Rivas）在归纳前人研究的基础上，认为小组工作的发展可以概括为三个阶段：开始阶段、中间阶段和结束阶段。

---

① Garland. J. & Kolodny. R.，*A Model of Stages of Group Development in Social Work Groups*. In S. Bernstein（ed.），*Explorations in Group Work*，1976，pp. 17-71. Boston：Charles River Books.

（一）开始阶段

开始阶段又被称为准备阶段，这个阶段的小组工作主要集中于策划、组织和召集。社会工作者首先需要明确小组的目的，将制订的计划与目的紧密联系在一起，并在之后的每个阶段谨记目的。小组的目的并非单一的，因为小组可能由具有不同需要的个体组成。小组目的主要包括以下几个方面：认同发展、技巧获得、社会控制和康复。认同发展是指帮助个人找到自身价值，发展和成长自我；技巧获得是指通过教育和技能培训，胜任所需社会角色；社会控制是指协助违反社会秩序、道德规范或侵犯他人利益的人实现转变的过程，以及协助个人学习社会规范和人际关系技巧的过程；康复是指针对有问题的个人，帮助其学习适合且被期待的社会角色，在情绪、行为和价值观等方面恢复到原来的状态。

在小组的目的确定以后，社会工作者在组成小组时需要注意以下几个方面。其一是组员的准备。亚龙（Yalom）发现，有准备的组员比没有准备的组员更具有信心，也较多参与小组互动[①]。其二是小组规模。小组规模一般根据小组目标来决定，小团体能够为组员带来更多的亲密感，但同时组员的压力也会更大；大团体一般是开放性的，但也可能形成两极化的趋势，即有的组员交流很多，而另外一些组员则交流很少。其三是场地和环境。开展小组活动时尽量有固定的房间，这容易使组员形成认同感。房间的大小、房间内的布局和装饰都可以成为小组工作的道具，帮助社会工作者达成小组目标。其四是社会工作者的调整。社会工作者与组员虽然在小组中扮演着不同的角色，却都是小组系统中的一部分，社会工作者的特质如性别等，在小组动力方面也可能起到重要作用。其五是小组类型。社会工作者应该预期小组的形式，如短期或长期

① Yalom. I. , *The Theory and Practice of Group Psychotherapy*. NY：Basic Books，1995.

性的、开放式或封闭式的以及结构性或非结构性的①。

在小组工作开始前，社会工作者需要安排会谈，进行初步的咨询，找出可以参与工作的组员，并评估他们的基本情况，了解组员的期望，建立初步关系。在组员逐渐熟识的过程中，社会工作者需要与组员一起确定小组的目标。小组目标越清晰，越容易引发目标达成的行动。然而，小组目标的达成是一个复杂的过程，需要组员之间不断参与讨论，并进行细微调整。同时，社会工作者需要慢慢给小组灌输社会工作的价值观，使组员明确对彼此的期待，形成相应的小组规范。对于小组组员而言，小组开始阶段性地出现了小组组员的感受。组员们一方面希望能成为小组的一员，另一方面又希望能够保持一定的独立性。当一些组员不愿意接受社会工作者的权威时，就会做出明显的抗拒行为，并试图争取小组的权力。社会工作者此时需要面对挑战，正视并解决冲突，发展平稳的工作关系。随着规范和角色逐渐明确，组员开始探索自身在小组中的角色，建立信任关系。

（二）中间阶段

虽然小组的每个发展阶段都需要完成不同的任务，但大部分的任务实际上是在中间阶段完成的。在这个阶段中，小组成员之间的关系更加紧密，小组凝聚力开始产生。组员对于小组规范有了共识，开始认真参与小组活动，关注小组的任务和目标的实现。为了完成小组的任务，组员之间更加开放，组员开始承认小组经验对其成长的重要性，并获得一种团体感和满足感。组员在这一阶段会明确自身的工作任务，讨论获得可行的解决方案，并运用更加合作的态度来完成目标。

随着小组的发展，不同组员在小组决策和过程方面拥有了更多的影

---

① 卡文著，孙碧霞等译：《社会团体工作》，红叶文化事业有限公司 2000 年版，第 92-100 页。

响力。当组员直接挑战社会工作者的权威，或操纵其他组员时，小组和组员就会产生问题。这时，社会工作者需要分析组员的权力来源，决定权力用来解决问题的使用方式。值得注意的是，社会工作者需要注意那些妨碍个人获得目标或影响团体凝聚力的角色。

总的来说，小组的中间阶段需要注意以下几个方面：

其一是目标决定和目标追求。目标决定包括组员决定目标的所有行动；目标追求则包括组员尽全力去达到目标的方法。

其二是价值与规范。这其中包括规范在小组过程中的发展与变迁；而规范会影响互动，并影响组员目标选择和追求的方式。

其三是角色分化。角色分化代表了小组角色架构的演化。架构包括组员依据小组中的地位而行动的知觉和期望；小组的发展使角色分化更为精密，小组的权力结构更为清晰。

其四是沟通和互动。这是指组员界定和执行角色时相互传递信息；随着小组的发展，组员的沟通模式也在演进，从而形成了组员之间的互动方式及互动感受。

共五是冲突解决和行为控制。当出现冲突行为时，社会工作者需要修正小组，根据不同的情况支持小组或个人，避免小组过度惩罚个人。修正小组的方法可以是通过一位组员、数位组员、整个小组或小组以外的人来影响小组的互动。

（三）结束阶段

小组的结束阶段表现为小组实现了目标，达到了其预期发挥的功能。在这一阶段，组员面临着小组的分离和解体，重新回到社会环境寻找自身可行的支持系统获取资源，满足自身需要和维持自身成长。组员很可能会出现失落的状况，社会工作者需要了解其失落的意义，并利用小组的结束来协助组员了解失落的意义。实际上，结束小组的准备工作从开始阶段就已经在筹划。在小组组员为了实现目标而专心投入小组之时，社会工作者应该适当提出小组分离的计划供大家讨论。在结束阶段，当组员受到离别影响而感伤、失落甚至倒退时，社会工作者要通过经验回顾增强组员的信心，为组员今后的生活做出建议，然后通过仪式结束小组工作。小组结束后，社会工作者要对整个小组的过程进行评估，为以后的工作吸取经验和教训。

当小组在正常情况下结束时，社会工作者需要完成的任务包括如下几方面：

其一是评估小组目标达成的情形。这首先需要了解组员对小组的评价、对社会工作者的评价，并运用评估工具来评估小组目标达成的情况。

其二是了解组员关于小组结束的感受。在面临小组结束时，组员经常会面临着矛盾的心理感受。一方面组员会因自身出现的改变而感到自信和高兴，另一方面也可能会出现否认、愤怒等情绪反应，甚至出现退化的现象。这些都是正常的情绪反应。社会工作者需要鼓励组员正视自己的负面情绪，探索并有效处理矛盾情绪，这十分有利于组员的自我成长。

三其是维持组员从小组中获得的正向改变。面临小组结束时，社会工作者需要帮助组员处理那些可能会削弱小组效能的环境因素。实际上，社会工作者可以在小组末期就开始与组员讨论可能影响正向改变的各种环境障碍，协助组员找出有效的应对策略，强化组员面对环境障碍时的能力。

其四是协助组员将学习到的技巧、态度和知识运用到不同的情境中。小组中学习到的新行为应该可以适用于组员未来的社会环境，因此社会工作者有义务将组员的学习有效转化到其他的社会环境中。通过各种角色扮演，社会工作者可以模拟客观化场景，促进组员适应真实的环境。

第六章 工会社会工作中的社区工作方法

社区工作始于19世纪后期英美的慈善组织会社和社区睦邻运动，是城市化和工业化背景下满足社会需求的产物。在我国，随着政府职能的转换，企业社会职能的剥离，“单位人”越来越多地变为“社区人”，大量与居民切实相关的公益性事务都需要依靠社区来解决，因此，社区工作方法也就具有了重要意义。相比个案工作方法与小组工作方法，社区工作方法更强调分析社会问题的结构化取向，介入问题的层面更为宏观，具有政治性、富有批判和反思精神等特点。而就工会社会工作而言，社区工作的范围包括单位社区、工业社区、企业自建职工宿舍区和以职工为主要群体的封闭或半封闭小区等，其在工作过程中更关心社区职工群体，尤其是困难职工群体的权利维护和社区失业群体的再就业问题，更多时候会采取多种行动为社区困难职工和居民群众争取合理的资源。例如，工会社会工作者可以在社区中为困难职工群体开展多元化服务，包括就业再就业促进服务、困难帮扶服务、生活救助服务、农民工留守老人和儿童服务、关爱劳模和困难离退休人员服务、职工法律援助服务、劳动纠纷矛盾调处服务、女职工特殊服务等，其中既包括个人、家庭和群体的能力提升，也包括以维护权益为中心的政策倡导工作。

第一节　社区工作的内涵和基本原则

一、社区工作的内涵

社区工作方法是社会工作的三大工作方法之一，更是工会社会工作的重要组成部分。在工会社会工作中，社区工作是以社区职工居民群体为工作对象或服务对象，通过专业社会工作者的介入，旨在确定社区的问题和需求，发掘社区资源，动员和组织社区职工居民实现自助、互助和社区自治，化解社区矛盾和社区冲突，预防和解决社会问题，从而促进社区服务质量、福利水平的提高和整个社会的进步①。工会社会工作中的社区工作方法有如下基本特征：一是以社区为工作对象，强调专业社会工作者的介入；二是采用多种方法，在社区中开展以职工群体为参与主体的活动；三是注重社企联动，处理好企业与社区之间的相互关系；四是以解决社会问题为目标，强调集体行动；五是以民主价值观培养为工作导向。

二、社区工作的基本原则

（一）以人为中心，促进社区职工群体的成长和进步

以人为中心，促进社区职工群体的成长和进步，是工会社会工作中的社区工作目标和实践原则。工会社会工作中的社区工作的任务目标是解决社区职工群体问题，而过程目标强调社区职工群体的发展，即发展职工群体之间的相互关心和合作态度，培养其解决社区问题的能力和信心。

---

① 徐永祥主编：《社区工作》，高等教育出版社 2004 年版，第 20 页。

（二）推动社区职工群体参与，培养民主精神

工会社会工作者相信社区困难职工群体有能力解决影响其日常生活秩序和生活品质的各种问题，认为鼓励和推动困难职工群体的积极有效参与和培养民主精神，既有助于问题的解决也有利于其自我成长与发展。针对社区困难职工群体开展工会社会工作的主要途径如下：一是培养社区自决；二是践行民主参与；三是激发个人成长。

（三）提高社区职工群体的社会意识，尊重社区自决

在工会社会工作中，社区工作的一个重要任务是让社区困难职工群体认识到，反映和表达自己的意见是其拥有的权利，而每个社区职工都有责任履行自己的义务，关心社区问题，改善社区关系，促进社区资源和权力得到相对均衡的分配。另外则是要尊重社区自决，这就要求工会社会工作者不能居高临下地指挥、命令社区职工群体为其所认定的目标而努力，而是与服务对象一起讨论和互相交换意见，并让服务对象做出合乎自己愿望的决定。

（四）善用社区资源，培养相互关怀和社区照顾的美德

在工会社会工作中，社区工作强调社区各种资源的充分挖掘，既包括辖区内企业、政府机构、社区居委会和非营利机构等资源，也包括社区成员的人力资源。社区工作的一个主要目标是使社区需要与社区资源互相协调配置，促进社区职工群体之间的沟通、交流和互动，使各种存在于职工身上的困难问题得到有效妥善地解决，最终形成睦邻友好和邻里互助的氛围，达到相互关怀的目的。

第二节　社区工作的过程和技巧

工会社会工作中的社区工作方法包括两个方面：一是职工所居住社

区的社会工作。地域范围主要是单位社区、工业社区和企业自建职工宿舍区等。通过社区工作，充分动员社区职工群体寻找社区中存在的问题，组织职工参与社区的有关休闲娱乐、健康、教育等各类活动，增强社区职工群体的社区归属感。二是特定组织的功能社区社会工作。将一个或几个机构（如企事业单位、社会组织等）的职工或工会会员视为一个功能社区，利用社区工作方法技巧，动员社区职工群体制定本功能社区的工作目标，策划社区活动，开展功能社区公益事业，充分发挥社区的经济、教育、参与、心理支持等功能，解决功能社区内的各种问题，为社区困难职工群体提供更多的福祉①。此处，我们主要介绍工会社会工作中的社区工作方法过程与工作技巧。

一、社区工作的过程

（一）建立专业关系阶段

社区工作的工作对象是整个社区，而对于工会社会工作来说，社区工作服务对象是社区中的职工群体，社会工作者进入社区之初的首要任务是让社区中的困难职工群体、社区居民、社区团体和组织认识自身，了解自己的角色和职责，接受自己对社区的介入，与社区建立良好的专业关系，便于服务的推进与开展。

社会工作者可通过以下方式与社区建立专业关系：一是积极参与社区重要活动，让社区职工居民群体了解和熟知社会工作；二是积极主办社区活动，邀请职工居民群体和其他社区组织参加，主动营造与社区其他成员互动的机会；三是积极介入社区事务，参与社区事务的会议和相关讨论，并在力所能及的范围内提供适当的帮助；四是积极出现在社区职工群体之中，主动与社区职工居民群体打招呼、话家常，拉近与困难

① 李林凤：《论工业社会工作方法在我国企业工会工作中的运用》，《沿海企业与科技》2007年第1期。

职工群体的距离，对居民骨干、潜在的服务对象等“重点”居民，也可以采取登门拜访和入户探访的方式进行深入交流。

（二）社区分析阶段

工会社会工作者在面向职工居民群体开展社区工作时会遇到诸多问题和需求，因此，这一阶段社会工作者的基本任务是要对社区（国企职工生活区、农民工群体聚居社区、离退休工人生活区、特殊职工群体生活区等）进行科学细致的分析，认识和了解社区的基本情况、描述和界定社区的问题以及把握社区的需要。

第一，对社区基本情况的分析。包括社区的地理环境、人口结构、社区资源、社区权力结构和文化特色等。

第二，对社区问题的分析。工会社会工作者在对社区基本情况和社区需要的了解与认识的基础上，对社区职工居民的问题进行描述和界定，明确问题的范围、起源和动力，发现问题的关键所在，寻找介入社区职工居民问题的合适角度。

第三，对社区需要的分析。社区工作是因为社区有“需要”才开始的，社会工作者常常因为社区存在迫切的需要而组织居民共同解决问题，社区居民也因共同解决社区需要和问题而建立了社区意识，对社区产生认同、归属和凝聚，服务对象因此也更愿意走出家门为自己的社区贡献力量。①

（三）制订社区工作计划阶段

社区工作计划是基于社区的实际情况，根据对社区需要和问题的分析，为实现社区工作目标而制订的行动方案。周密而完备的工作计划有利于保证社区工作的顺利进行，而明确的目标、合适的策略以及由此形成的具体工作方案是一份社区工作计划的重要组成部分。

---

① 全国社会工作者职业水平考试教材编写组：《社会工作综合能力（中级）》，中国社会出版社 2014 年版，第 220-223 页。

1. 明确目标

社区工作的目标是工作的方向和想要达到的目的，它可以是整个社区的改变，也可以是解决一个具体的社区问题，满足社区在某个方面的需求。无论工作目标的大小，通常都不能一蹴而就，需要分阶段、有步骤地推进。因此，在制订计划时，既要订立社区工作的整体目标，还要根据每一阶段的具体任务制定阶段性目标。

2. 制定策略

策略是指为达到社区工作目标而采用的一系列行动方针。工会社会工作者在制定行动策略时也应与社区职工群体共同讨论，可以邀请社区职工代表参加策略规划小组。制定策略主要有如下步骤①：

第一，提出策略。采取“头脑风暴”方法让规划社区职工群体中的小组成员提出各种想到的策略。第二，评估策略。运用符合性、可接受性和可行性三个指标去评估上一阶段提出的每个策略，在评估之后应删除那些明显不可能的策略，即不符合目标、不被服务对象接受、没有任何可行性的策略。第三，筛选策略。就保留下来的策略运用 SWOT 分析法逐一分析实践该策略的可能性，选出一个或几个策略。SWOT 分析法对策略实施的内部条件与外部环境进行综合考虑，其中 S 和 W 分别表示在促使策略成功上所具有的优势（Strength）和弱点（Weak），而 O 和 T 则分别代表外部环境中存在的有利于策略施行的机会（Opportunity）和不利于实施策略的威胁（Threat）。进行 SWOT 分析时，将实施策略的内部优势和弱点以及外部机会和威胁逐项列举出来，然后将内部因素与外部因素配对进行分析，找出能发挥优势因素、克服弱点因素、利用机会因素、化解威胁因素的对策，形成一项或几项社区工作的服务策略。

① 全国社会工作者职业水平考试教材编写组：《社会工作综合能力（中级）》，中国社会出版社 2014 年版，第 225 页。

3. 设计方案

针对策略规划选出的一个或几个策略，需要进行更细致具体的方案设计。方案计划书是工作策略的具体呈现，必须做到内容充实，具体可行。方案计划书的文字风格应该简单明确，内容上可以依据社会工作者所在社会服务机构的要求或资助方的要求而增删项目，但通常一份方案计划书应包括：服务目标、服务内容、服务时间、服务地点、服务人员、服务对象、服务方法、方案预算和预案。

（四）实施社区工作计划阶段[①]

在社区服务工作计划完善之后，社区工作就进入了实施计划的阶段。这一阶段有两个工作重点。

1. 动员和管理社区资源

对开展社区活动所需要的多种资源进行有效合理的配置，包括对资源现状的分析、资源开发、资源连接以及维系等方面的工作。具体工作有如下四方面：一是资源分析。社会工作者需要了解自己现有的资源，即自己现在所拥有或能够调动的资源的类型、数量、质量、便利程度、使用成本等。二是资源开发。社区工作中的资源开发通常涉及的是人力和资金，尤其是志愿者的招募和活动经费的筹措。三是资源连接。连接资源的方式可以分为正式连接和非正式连接，正式连接是指拥有资源的各方通过会议、契约、合同等正式的方式相互交换资源，而非正式连接则是依靠平常的交情等非正式方式形成的资源交换，良好的资源连接可以充分利用社区内外的各种资源，避免资源的闲置和浪费。四是资源维系。维系社区资源社会工作者应注意遵循以下原则：（1）不要浪费或闲置资源；（2）多方寻求资源；（3）资源使用公开透明；（4）与资源提供者建立良好关系；（5）加强对资源的统筹协调。

① 全国社会工作者职业水平考试教材编写组：《社会工作综合能力（中级）》，中国社会出版社 2014 年版，第 226-227 页。

2. 执行社区工作方案，保证计划中的活动得以顺利进行

具体来说，在社区中执行一项工作方案的过程可以划分为三个阶段。第一是筹备阶段。筹备阶段的主要任务是确认社区工作服务方案中将要涉及的所有环节，并对服务人员进行相应的分工，明确各自的职责和归属。在分工时应根据每个人的专长安排他们的岗位，人尽其才。第二是开展阶段。实际开展工作的过程是按照计划好的工作方案稳步推进的过程，中间要注意推进的策略、方法和节奏，并注意经费的管理和控制，避免左支右绌。同时，社会工作者及其他核心成员也应做好分工，随时掌握各个环节的执行情况，注意根据实际情况的变化进行机动处理，做出弹性调整。第三是结束阶段。在工作结束的时候，要对工作的过程和结果做详细的记录，建立工作档案，进行经费的结算，并及时撰写工作总结，反思工作中的得失，为以后的社区服务工作提供借鉴。

二、工会社区工作的技巧

（一）协助企业与社区建立关系的技巧

任何企业或社会组织都是在一定的社区中运作的，所以必然与社区整体乃至社区中的公众发生种种联系。因此，协助企业与社区建立良好友善的信任关系，提升入驻企业与社区相互之间的认同感，实现社企联动等也就成为工会社会工作者的重要工作内容。以解决社区困难职工居民就业再就业问题为例，工会社会工作者可以建立社企联动解决就业长效机制，积极搭建社区就业再就业平台，实现就业资源共享和社企双赢。为社区就业困难职工、下岗失业人员提供就业信息链接服务；为社区困难职工群体和外来务工人员提供政策咨询及相关劳动保障服务；为社区存在劳资矛盾的职工居民群体提供参与调解劳资纠纷和工会法律援助服务。而协助社区与企业建立起良好关系，就应具备如下一些工作技巧。

1. 把握社企间交往的一般准则

第一，尽早与社区和入驻企业交往，为未来可能的合作奠定基础。第二，交往时要协助各方了解各自可获得的利益，树立利益共享的印象。第三，交往各方可以签订合作协议，表达合作期望、目标和守则，强化和规范合作关系。第四，要注意主动维系社企间的交往关系，建立共同的兴趣，培养共同的价值取向。

2. 促进组织间接触的技巧

一是注意社企间形象的平衡和统一。由于入驻企业与社区的关系处于不断地变化之中，所以协助入驻企业和社区注意树立和维持一个既平衡又统一的形象，以适应未来不断变化的合作要求。所谓平衡的形象，是指各组织既要体现出理性和果断的领导能力，又要展示出温情和平易近人的一面，给人留下易于合作的印象。所谓统一的形象，是指各组织所展示的形象不因时间、场合和事件的不同而有巨大的变化，要始终保持一致，这样才能增强交往者的信任感，而善变的形象则会让人有无所适从的感觉。

二是增加接触的机会。组织间关系的培养实质上也是人际间关系的培养，所以工会社会工作者需要协助入驻企业与社区之间更多地制造彼此之间成员的接触机会，加强双方的熟悉程度，促进关系的深化发展。例如，邀请彼此之间的成员参加工会社会工作者举办的正式和非正式活动以增加接触机会与熟悉程度，有效促进有潜在矛盾的相关各方达成理解。

三是求同存异，加强沟通。交往双方的共同点越多，关系就越容易建立。因此，工会社会工作者促进社企之间相互接触时要尽量发掘共同的地方，减少涉及有分歧的话题，更不宜在谈话时故意挑剔和刁难。当交往双方有争论时，可尝试不断寻找和增强双方的共同点，力求缓和关系。需要强调的是，工会社会工作者无论运用何种技巧促进社企之间的交往合作，都应以服务对象的利益优先为首要原则，不可用牺牲服务对象利益的方式来换取组织之间建立和维持交往关系。

（二）发展社区支持网络的技巧

每个人都会在社会生活中通过与他人的互动形成一定的社会网络，而工会社会工作者帮助社区职工群体发展社区支持网络则是针对社区需要解决问题的一种策略。社区支持网络能够为服务对象提供情绪、尊严和互助等方面的支持，同时也能够促进社区居民之间的沟通与互助，提升社区职工群体解决问题的能力。

1. 发展困难职工群体自助小组的技巧

自助小组是由一群有共同需要、面临共同问题与困难的个人组成的小组，适用于困难离退休人员、社区下岗失业或经济困难人士等由于个人因素或社会因素而处于弱势地位的人群。困难人群自身的社会支持网络通常比较薄弱，所以协助他们建立自助小组是帮助其发展社区支持网络的重要途径。社会工作者在发展自助小组时经常使用联结、鼓励与正面强化、组织活动与体验式学习三项技巧。具体来说：

一是联结技巧。即将有特殊需要或者面对某些共同困难的人士联结到一起是工会社会工作者发展自助小组的首要技巧，以社区下岗失业职工组成的自助小组为例，相同的失业遭遇、就业和再就业过程中所遇到的实际困难等都可以成为联结组员的共同点。

二是鼓励与正面强化技巧。工会社会工作者可以通过多种方式为社区困难职工群体提供鼓励和支持。比如，提供实际的资源或物质援助，协助寻找专家或其他技术支持，解答相关帮扶政策，通过个别接触提供适当鼓励，发掘个人技能，鼓励他们做多方面的尝试。

三是组织活动与体验式学习技巧。工会社会工作者要以社区困难职工为服务对象，适当地组织不同的社区活动，制造机会让自助小组的成员承担一些具有挑战性的任务，体验并反思日常生活中的困难与挑战，帮助他们在亲身实践中肯定自己的能力，增强其解决和克服困难的信心。

2. 发掘和培育社区志愿者的技巧①

一是主动邀请，由近及远。工会社会工作者在社区内发展志愿者时，应主动地、不断地接触居民，进行多次尝试。另外，发展志愿者要遵循由近及远的原则，工会社会工作者可以先从身边和自己接触较多的职工群体开始，鼓励他们成为职工活动的志愿者。

二是建立平等合作关系。工会社会工作者在发展志愿者时，应与他们建立良好的关系，尊重他们的参与，切忌将志愿者视为廉价劳动力。如果工会社会工作者能够身体力行，与志愿者一起工作，则比较容易和志愿者建立平等合作的关系。此外，在志愿者遇到困难时，工会社会工作者有必要给予适当的关怀、鼓励和帮助。

三是提供参与和成长的机会。工会社会工作者进行社区工作时必须按照志愿者的能力、意愿和兴趣给他们安排合适的社区服务工作，保证志愿者所做的工作既有意义又力所能及，使其拥有一个愉快的参与经历。另外，工会社会工作者应在实践过程中给予志愿者学习和成长的机会，如在组织社区大型职工帮扶活动时帮助志愿者学习如何设计活动或者鼓励志愿者担任活动的主持人等。这样既能激发志愿者的参与热情，也能提升他们的能力。

四是明确方向，多加鼓励。在志愿者参与的过程中，工会社会工作者要清楚而具体地向志愿者说明要做的工作，以使志愿者的工作有清晰的目标和方向。工会社会工作者也要对工作做充足的准备，提供必要的资源，这对增强志愿者的工作信心很有帮助。同时，工会社会工作者还必须要回应志愿者的基本情感需要，如被尊重感、被认同感、成就感、

① 全国社会工作者职业水平考试教材编写组：《社会工作综合能力（中级）》，中国社会出版社 2014 年版，第 237 页。

归属感等。对志愿者的贡献和付出，工会社会工作者应该多加鼓励，给予适当的物质和非物质表彰。

（三）动员社区困难职工群体参与的技巧

动员和组员社区困难职工群体参与社区活动是工会社会工作的主要内容之一，因为社区困难职工群体的参与可以提升其对社区事务和自身发展的关注，也有利于提升社区困难职工群体对社区的归属感和认同感。

1. 入户探访

入户探访是动员社区困难职工群体的常用方法，而且效果较好。在入户探访过程中，工会社会工作者需要与街道社区以及工会组织密切配合，通过一对一的接触，与被动员的社区困难职工进行深入交流，了解其对各种社区帮扶措施的看法，加强与社区困难职工的联系，增进双方的感情。工会社会工作者在入户探访中也比较容易判断被动员的社区困难职工是否真的能履行参与的诺言，还可以与那些持观望态度的社区困难职工建立信任关系。

2. 电话联络

电话联络是在短时间内进行大量社区居民动员的有效方式。这一方法比入户探访要节省人手，但由于电话联络不是面对面的交谈，工会社会工作者难以与被动员的社区困难职工群体就某个话题进行深入讨论。电话联络的方法最适于交代一些具体而简单的信息，如开会的时间、地点等，也适于在活动举办之前提醒服务对象届时出席。

3. 召开困难职工居民大会

居民大会也是动员居民参与的有效方法。在困难职工居民大会上，服务对象都聚集在一起，在情绪高涨的气氛和群体压力下互相鼓动，可以促使更多的有相似经历的服务对象进行参与。如果社区内已经形成一些自助和互助团体和组织，工会社会工作者可以召集街道工作人员、社区居委会工作人员、当地工会组织负责人、居民代表以及所有社区组织的负责人等开会，并鼓励和动员各组织的主要成员积极参与。例如，工会社会工作者作为会议召集人，定期组织困难职工居民与社区召开民情恳谈会、事务协调会、问题磋商会、决策听证会、工作评议会等多种形式的社区民主议事会，对社区内关于困难职工居民切身利益的重大事项进行商讨、评议和监督，推进基层组织建设和民主政治建设，做到“民事民提、民事民议、民事民决”，积极听取广大困难职工居民的不同意见和建议，保障其切身的民主权益。

（四）社区教育的技巧

社区教育技巧是工会社会工作者在社区服务中必须精通的一种重要的工作技巧，因为社区互助、领袖培养、社会行动、政策倡议和推广都离不开社区教育。工会社会工作者要通过社区教育、传播知识和解决问题的有效方法，提升职工居民解决问题的意识和能力，争取社区环境的改善。因而必须在态度、知识和行为三个方面促进社区困难职工群体的改变和进步。

1. 形成积极正向的价值观

在态度方面，应该促进社区困难职工群体或服务对象形成积极正向的价值观。工会社会工作者可从感觉、直觉、想象、判断和兴趣等各个方面引导社区困难职工群体，关注他们的自身权益、社会互助、社会公平与正义等核心价值，并通过“行动——反思”的方法不断澄清价值观，使他们通过社区参与，由冷漠、消极、被动转向热情、积极、主动。

2. 提升理性思考能力

在知识方面，工会社会工作者应该帮助社区困难职工群体或服务对象提升理性思考能力。包括掌握社区生活或共同问题的知识及资料；理解资料之间的相互关系并能批判地分析问题；在掌握和理解资料的基础上能够触类旁通；在正确分析、评估问题的基础上提出创新性的建议。

3. 熟练掌握沟通技巧

在行为方面，工会社会工作者应该熟练掌握与服务对象沟通的技能，善于表达对他人的关怀与爱护，能够理解文件和有关资料，懂得行政和会议技巧，拥有社会行动和基层动员的能力，具备谈判、游说、公关及与大众传媒合作的能力。工会社会工作者还要掌握一定法律知识和工会知识的基础之上，懂得运用模拟、训练、实践中引导社区困难职工群体边做边学，帮助他们掌握这些复杂的技巧，提升其解决困难的能力。

第三节　社区工作的评估与管理

一、社区工作的评估

社会工作专业与其他助人专业一样，必须评估服务的成果及其有效性，社会工作评估是确保服务品质的重要措施，是体现社会工作责任、提升服务品质和维持专业信誉的保障。

工会社会工作中的社区工作服务评估的目的在于了解社区工作服务是否达到了预定的目标、社区困难职工群体或服务对象的满意度如何、在社区工作服务的推行过程中存在的优点和缺点。社区工作服务方案的评估方法包括定量评估法和定性评估法。定量评估法主要采用调查问卷的形式，如服务满意度调查问卷和社区活动成效评估问卷等；定性评估法主要采用访谈的形式，如访谈服务对象和活动志愿者，听取他们对活动的感受、看法与意见，再对活动进行归纳和总结。

1. 评估的分类

社区工作评估主要分为过程评估、成果评估和效益评估。过程评估是对工作过程的质与量的评估，重点在于对有关的工作过程进行描述，包括投入的资源和人员配置、一系列工作的优先次序、各个程序的进展状况等。成果评估主要是考察工作的成果，在多大程度上实现了预定的目标。效益评估注重服务的成本收益分析，关注的是所取得的工作成果与所付出的代价孰大孰小的问题。

2. 评估的步骤

评估的过程可以分为明确评估目标、建立测评标准、设计评估研究方案、收集与分析资料、使用评估结果五个步骤：（1）明确评估目标，评估目标必须清晰具体并对实施效果形成共识；（2）建立测评标准，考虑对目标进行测评并将目标转换为可以观察和测量的指标；（3）设计评估研究方案，重点考虑测评的时间、次数、对照组和影响因素等；（4）收集与分析资料，可采取问卷法、访谈法、文献法方式收集资料，并在此基础上选择相应的资料分析方法和工具，进行定量或定性分析，根据分析的结果对社区工作进行评价；（5）使用评估结果，评估的结果可以分别向服务对象、所在机构、合作方与资助方报告，这不仅是对落实计划安排的一个交代，更是为改进工作和制定未来工作方向提供依据。

二、工会社会工作中的社区工作管理服务创新

工会社会工作在社区工作服务中具有四项功能：一是社会福利功能，是指将社会福利力量引入工业社区，参与社区福利资源的开发；二是社会服务功能，为工业社区职工群体提供各种社会服务，不仅是社区管理服务工作的目的，也是社会管理服务活动的输入，决定了社区管理服务创新的工作成效；三是社会行动功能，在于合力解决社区困难职工

问题，并通过开展维权和增权的活动，争取社会资源；四是社会稳定功能，工会社会工作在维护社区或社会秩序、解决困难职工问题、化解社会矛盾与冲突等方面具有特殊的作用。

工会社区社会工作的特点，是运用社会工作专业方法服务企业及其社区里的职工群体，解决工业社区内存在的各种问题，正确处理好企业、社区和职工群体之间的关系，为社区困难职工群体提供更多的福祉，增强服务对象的社区归属感与认同感。因此，工会社区社会工作要想有效应对工业化与城市化进程带来的挑战，必须跳出传统工会社会工作局限于企业内部工作关系与工作环境建设的思维模式，将社会工作服务置于社会融入的视角和社区发展的框架下，将职工不仅视为企业人，亦视为“社区人”，创新服务理念与服务方式，推动企业与职工群体和所在社区各群体间的相互接纳、共同参与，构建多元化的社会支持系统。

（一）创新服务理念，还原并增强工会服务主体角色①

传统工会工作通常倾向强调工会工作者的主体地位和功能，而将企业和职工群体置于“被服务”的客体角色，在一定程度上未能重视服务对象自身参与的潜力和能动性。企业不仅是生产单位，对职工也担负着一定的生活支持功能，对社区亦承担着相应的社会责任。企业管理体系的特殊性、社会关系的复杂性、职工需求的多样性，使工会社会工作面对的问题已远非简单的劳资关系和工作环境可以概括，这就需要工会社会工作者遵循社会工作基本伦理原则，灵活运用多种社区工作或社会工作实务技巧来应对。因此，要应对单位社区服务不足的现实，在资源配置不均的外部环境与被环境形塑的群体意识中找到突破口，破除工业社区环境与社区困难职工群体的相互形塑，使社区困难职工群体逐步改

① 李涛：《工业社区社会工作服务的实施策略》，《中国社会工作》2015 年第 7 期。

变过客心态、融入社区，关键在于充分发挥单位社区职工群体的主体性，提升其自我服务与服务他人的能力。

（二）创新服务方式，构建多元化的社会支持系统

作为单位社区的主要构成人员，社区困难职工群体的构成是多元化的，其中包括进城务工人员、困难离退休人员、社区下岗失业人员、特殊女职工群体等。这些多元化特点的背后则是需求的多样性和个别化，也是对社会工作在此类社区寻求多元化介入模式的客观要求。因而，在单位社区开展社会工作服务，要突破传统的企业劳动力的概念，认识到职工群体不仅是企业人，更是社区的一分子，通过多元化的社区社会工作服务手法，致力于围绕推动企业及其职工参与社区活动，增强其社区归属感以及自我服务、服务社区和社会融入能力，搭建多元化的社会支持系统。一方面，应建立企业单位内部互助系统，推动企业自我服务体系建设。例如，建立企业单位与职工群体之间理性对话的协商机制；建立新老职工之间的同伴支持系统，改善职工关系，推动新职工融入企业和社区等。另一方面，可以在单位社区建立独立于企业之外的开放式公益服务中心，面向社区所有企业及职工、本地居民开放服务，推动社区公益文化建设。例如，可以通过开放式社区教育，宣传普及社会工作知识和公益文化；通过图书借阅、文体服务、社区联谊活动等丰富社区职工居民的文化生活；通过提供日常咨询为有需要的服务人群提供信息服务与生活知识支持；通过开展各类社会工作专业成长小组活动，增强困难职工的生活斗志，培养其学习兴趣，提升其学习能力，释放其心理压力，拓宽其视野，激发其参与社区活动的热情。

（三）创新教育倡导模式，促进单位社区各群体的融合与参与

社会工作具有预防社会问题、疏导和缓解社会矛盾的重要功能。当前，社区居民利益诉求多元化，社区归属感弱，流动性大。如何发挥社会工作的教育倡导功能，理性表达各方利益诉求，化解工业化进程中产

生的各类社会矛盾，促进社区内各群体的融合与参与，推动社会政策改革，不仅关系到工业化与城市化的稳定发展，而且对我国社会治理创新有着重要意义。因此，在社区服务中，工会社会工作者应注重将服务实践与政策倡导相结合，注重将矛盾调处与反映服务人群利益诉求相结合，注重将服务经验总结与专业推广相结合，发挥服务者、倡导者、研究者、推广者的多重功能。具体而言，可以以直接服务为载体，发挥资源整合的功能，在解决服务对象现实困难的同时，组织动员社会各群体参与；以公众教育为载体，在促进社会各群体对社区困难职工群体的理解和接纳的同时，提升社区困难职工的自我救助能力；以参与调查研究为载体，在倡导社会政策关注企业与职工发展需求的同时，提升企业和职工参与社会对话的能力。

因此，企业单位的运行和职工的工作与生活都离不开社区的建设与发展，工会社会工作所使用的社区工作方法必须充分挖掘职工群体潜能，了解并善用社区的各种资源，引介社区有关健康、福利、休闲娱乐、教育等类的活动给社区职工群体，以更好地服务职工并解决他们的各种问题，促使其积极参与社区各种公益事业的发展。同时，社区职工群体的社会功能的恢复与增强不仅需要社会服务，还需要政策环境与经济生产的协调。而社会工作服务并不能替代企业单位的用工管理，也无法替代政府秩序治理。单位社区的环境改变、企业的可持续发展、劳动者的权益保障，需要工会社会工作者的社会服务创新，也需要企业的用工管理改革和政府的公共治理改革。

第七章　困难职工帮扶

第一节　困难职工帮扶制度

一、困难职工帮扶制度和困难职工

从20世纪80年代中后期起，国有企业亏损不断加剧，经济效益不断下滑，中国的整体经济面临巨大挑战，国有企业面临改革的艰巨任务。为了精简国有企业的人事结构，20世纪90年代中后期，因“三年脱困”战略的实施，数以千万计的国企工人下岗失业，其中很多下岗职工成为生活困难群体，他们的生活保障也引起了政府和中华全国总工会的关注。2002年，为贯彻落实全国再就业工作会议精神，中华全国总工会颁布了《关于贯彻全国再就业工作会议精神的意见》（以下简称《意见》），明确指出了工会在为困难职工提供再就业机会、解决其实际生活中的问题时，应做好“帮助”和“扶持”的角色。同年，我国首家工会困难职工帮扶中心在天津市成立。经过十几年的摸索，我国已初步建立起困难职工帮扶制度。

参照中华全国总工会的文件精神，我们可以将困难职工界定为以下几类：家庭人均收入低于当地城镇居民最低生活保障线的职工；家庭人均收入略高于当地城镇居民最低生活保障线，但因下岗失业、重大疾病、子女教育、意外灾难等原因造成家庭生活困难的职工；因遭受各类灾害、重大意外事故造成家庭生活困难的职工。

一般而言，困难职工有以下几个特征：从职工身份看，主要是下岗职工、失业职工、农民工；从行业分布看，主要集中在城建、冶金、机电、化工、商贸、交通等行业；从面临的生活困难看，困难职工主要面临收入低、再就业困难、保障程度低、看不起病以及子女上不起学等生活难题。虽然各省份的困难职工因不同地区的经济发展水平和产业结构不同而略有差异，但总体来说，困难职工基本呈现以上的特征。相应地，有学者将困难职工帮扶制度定义为：由工会组织主导，动员、协调社会各方力量；帮扶中心具体操作，对因失业、疾病、工伤、子女上学或其他意外灾害致使其个人及家庭暂时性陷入经济生活困境的职工，给予一定的经济救助、就业创业帮助和法律援助服务等社会救助、帮扶措施规范的综合①。

二、困难职工帮扶制度的基本特征

中国工会十六大要求各级工会组织深入推进“面对面、心贴心、实打实服务职工在基层”活动，采取接地气的方式，多了解困难职工的真实状况，寻找最切实可行的办法为职工解决实际困难。困难职工帮扶体系的建立，在帮扶困难职工之余，还能够增进企业和职工、工会与职工的深厚感情，不断增强工会工作活力和效力。然而，要想建立和不断完善困难职工帮扶制度，首先必须明确帮扶制度的基本特征。大体而言，职工帮扶制度具有如下四个特征②。

（一）困难职工帮扶体系是职工和企业共同的需要

面对经济的发展和企业的改革，全体职工担当着建设企业、发展企

① 白新民：《我国困难职工帮扶制度分析》，《商场现代化》2010 年第 10 期。

② 高保臣、刘晓东：《整合资源建立机制——打造企业帮扶体系》，《中国工运》2014 年第 2 期。

业的重任。然而，面对日益增长的对生产技术提升的要求，面对生活成本的不断增加，职工群体所承受的压力也越来越大，很容易导致不适应的状况发生。如若不及时帮助这部分职工调整心态，解决问题，小到企业的生产效率，大到社会的和谐和稳定都会受到影响。各级工会应将帮扶工作作为工会工作的核心内容，坚持以人为本，关怀帮扶困难职工，切实发挥工会自身的“纽带”作用。工会社会工作者应从职工的切身感受出发，不断健全帮扶机制，创新帮扶工作方式，提升帮扶水平，拓宽帮扶工作内容，将推动工会帮扶工作常态化、长效化，促进企业和谐发展视为帮扶工作的最终目标。

（二）建立机制是职工帮扶体系的重要基础

工会职工帮扶平台最重要的是完善四项机制。第一，要完善困难职工档案制度，做好困难职工信息收集和动态管理。各级工会通过使用帮扶工作管理系统掌握准确翔实的动态数据，对困难职工的基本状况、帮扶工作的形式与任务做出正确的分析判断，既可以提高工作效率、强化监督管理，也能够有针对性地开展好各项帮扶工作。第二，要完善解决困难职工协办制度。这是指在认真研究为职工解决困难办法的基础上，把帮扶工作程序化，建立“反映困难——调查情况——协调处理——解决困难——反馈职工”的闭环流程。帮扶工作程序化和流程化有益于明确各个环节的工作任务和完成时限，提升帮扶工作的效率。同时，建立解决困难职工协办制度强调工会和行政部门的沟通协调，通过明确职责和建立机制，促使各级工会和行政部门形成自觉为职工解决困难的机制，通过通报、考核等方法增强各级部门办事的效率，通过工作联系单、交办单等方式实现帮扶信息的有效专递。第三，要完善帮扶资金筹集制度。通过各级工会自筹资金、争取政府拨款、职工和社会捐助等多种形式，动员更多的爱心人士和社会力量投入困难群体帮扶工作中来。第四，要完善分析评估制度。工会可以有效借鉴工作月度报告制度和分析评估制度，建立困难职工帮扶工作的记录和反思总结机制。把对职工困难的协办处理、关怀慰问、诉求解决和职工反映等内容记录下来形成“月度报告”，并在工会工作会议上对各项帮扶重点工作情况进行分析与评估，反思不完善的经验做法，表扬优良且效果明显的方法政策，树立标杆。

（三）整合资源是职工帮扶体系的核心

各级工会在帮扶职工时需要整合多方资源。首先，重视纵向资源的整合和充分利用。各级工会可以形成一条纵向资源链，通过各级工会针对性措施的互相补充，在分担某一级工会的负担的同时，使职工的工作生活得到充分保障。比如，针对职工互助济难解困的保障体制，上级工会可以设立特种重病互助医疗保障计划、女职工安康互助保障计划和工伤互助保障计划，企业工会则可以补充以“在职职工济难解困互助会”，为每一位职工提供补充生活保险等。其次，重视横向资源的整合和资源的多样性。除了整合经济保障方面的资源，教育、人力培训、身心健康宣传等资源也需要受到重视，充分利用多样性的资源争取提高困难职工的整体生活质量。

（四）持之以恒是职工帮扶体系的根本保证

职工帮扶体系的常态化和长效化的实现需要做到宣传到位、落实到位、帮扶到位，而持之以恒是基本要求与根本保证。加强对群体职工和会员的宣传动员，号召大家积极参加互助互济；坚持对工会和相关工作人员进行定期培训，提升他们的帮扶工作的水平；经常关心职工的工作和生活情况，及时了解职工可能出现的困难，研究应对策略，有效帮助困难职工解决问题；做到“五必访”，职工生病住院、职工父母去世、职工因公负伤、职工思想或工作出现严重不稳定，无故不上班或职工家庭发生突发事件时，工会工作人员要及时慰问，及时安抚，及时解决；拓宽困难职工帮扶体系的帮扶范围，加大对特别困难职工的救济力度；

成立职工心理健康关爱协会，积极开展困难职工压力的专业疏导工作。只要坚持不懈，持之以恒，困难职工的帮扶力度和覆盖面就会不断得到提升和扩大。

困难职工帮扶体系的建立秉持“物质帮扶与精神帮扶同步、输血帮扶与造血帮扶并举、应急帮扶与长效帮扶共济”的工作宗旨，多方位，多角度关心困难职工，洞察困难职工难题潜在的多项成因，研究出可持续的解决方案。力求搭建以市职工服务中心为龙头、职工帮扶站为骨干、村（社区）帮扶点为支撑、企业帮扶岗位为基础的四级帮扶网络。

了解困难职工帮扶体制建立的基本特征有助于工会社会工作者进一步完善和发展相关体系，开展更有效的帮扶活动，争取帮助更多的困难职工解决问题，构建企业和谐的生产环境。

第二节　困难职工帮扶服务内容

目前，全国各级工会已建立困难职工帮扶中心 3500 多和乡镇街道企业帮扶站点 20 多万个，100%的地级市和应建县级城镇都建立了帮扶中心。困难职工帮扶机制依托帮扶中心为载体，不断朝着常态化、长效化以及立体化的方向发展。为了有效应对困难职工日益增长和不同的生活需求，困难职工帮扶中心的服务内容也不断完善，帮扶项目也呈现多样化、体系化的态势。工会帮扶中心的服务内容可以概括为三个方面：生活救助、社会服务以及职工维权。

一、生活救助救助

生活救助服务落实到具体的工作上会因各级工会困难职工帮扶中心的救助项目有所不同。总体来看，生活救助服务要求做到“救急济难、拾遗补阙、保障生活”，其主要覆盖到日常生活、医疗、助学等多方面。

（一）日常生活

在日常生活方面，困难职工帮扶中心应及时准确地掌握困难职工的生活情况及困难并提供相应的帮助。例如，通过“爱心超市”“爱心驿站”等多种方式关怀和帮助困难职工。

（二）医疗救助

在医疗方面，主要是为患病的困难职工减轻医疗费负担。对患大病、重病的困难职工提供相应的医疗费资助，部分医院和药店则给予困难职工提供看病和买药优惠。例如，建立爱心医院、爱心药店等。

（三）助学救助

在助学方面，主要是针对困难职工子女的就学问题给予相应的助学资助。例如，开展“金秋助学”活动，一些地方总工会更是将“金秋助学”延长为助学、助能、助志、助业“四助式”全程助学模式，不仅经济上助学也从精神文化层面上助学。

二、社会服务

在帮助困难职工做好生活救助的同时，更要帮扶困难职工群体摆脱贫困，实现就业创业，变“输血”为“造血”，提高困难职工的自主脱贫能力。职工帮扶的社会服务方面要做到“服务职工、提高素质、共建和谐”。具体有以下几种服务：

（一）职业介绍

职业介绍是指为困难职工和下岗失业人员提供职业信息，便于职工及时知晓就业市场招聘动态。可以通过建立网络信息库的方式，如“下岗职工人才库”，将职工的求职和企业招聘信息纳入信息库中，同时加强与外地工会的沟通，扩大就业范围，进一步拓展本地职工的就业渠道。

（二）职业技能培训

充分利用社会资源提升职工就业技能，争取联合人力资源和社会保障部门、妇联及社会团体等，以社区为载体，开展以下岗职工、农民工为主体的月嫂、家政等服务业再就业培训工作，使有意愿、有能力再就业的职工在短时间内掌握一技之长，增加其在求职市场中的优势和找到工作的概率。

（三）工会小额贷款

工会可以与地方银行合作，以小额贷款全额贴息的方式，扶植困难职工的创业项目，帮助困难职工、下岗职工、农民工及子女通过创业获得稳定收入，同时也有助于增加就业岗位，进一步帮助其他困难职工就业，形成可持续的互帮互助就业体系。

三、职工维权

当前，工会的维权服务正扮演着越来越重要的角色。伴随着产业结构的转型升级，我国劳动关系领域的矛盾和冲突不断增加，成为影响经济发展与社会和谐的主要社会矛盾之一。是否可以创建和谐而又稳定的劳资关系直接决定着企业的发展，同时，更与每一位职工的合法权益是否受到合理公正的对待和保护息息相关。2001 年修订的《中华人民共和国工会法》规定，维护职工的合法权益是工会的基本职责，工会在维护全国人民总体利益的同时，代表和维护职工的合法权益。《劳动法》规定，工会代表和维护劳动者的合法权益。近年来，各级工会组织坚持“组织起来，切实维权”的工作方针，建立了不同规模的维权帮扶中心。职工维权服务要做到“反映诉求、保障权益、促进稳定”。具体的服务体现在信访接待和法律援助两个方面。

（一）信访接待

在信访接待方面，工会社会工作者主要接待所管辖范围内的企业职工，为来访职工提供劳动保障法规、政策的咨询服务；受理各企业单位工会和职工合法权益受到侵犯的投诉；受理各级工会组织和职工对工会工作提出的意见和建议等。工会信访工作就是疏通职工维权路径的渠道①。

（二）法律援助

在法律援助方面，针对合法权益遭受侵害的管辖内的企业职工，因依法开展工会工作而自身受到权益侵害的职工或企业工会，根据《工会法》《工会法律援助办法》代写法律文书、代理劳动争议案件、非诉讼调节、担任立案的劳动争议案件代理人等②。2012 年度各级工会为职工提供咨询代书等服务 12.9 万件；受理法律援助案件 6.7 万件，处理 4.7 万件，结案率 69.9%。

2010 年，富士康“跳楼门”事件在全国影响很大，整个事件的平息得益于政府有关部门的介入，更得益于在此事件中各级工会发挥的重要参与和维权作用。全总及时成立调查组，了解职工待遇、劳动条件、企业规章制度等状况。各级工会组织通力合作，切实维护职工权益，与企业谈判提高职工待遇，同时注重对职工进行心理疏导、减轻压力。同年 6 月 1 日，富士康科技集团宣布全面上调薪酬标准，基层员工上调薪资 30%以上，其中作业员从原来每月基本薪资 900 元上调至 1200 元，线组长在原有薪资标准的基础上调至 30%以上。10 月 1 日起，对富士康科技集团深圳地区各厂区经考核合格的作业员及线组长的标准薪资再度上调为每月 2000 元，调薪幅度超过 65%。

企业职工的权益受到侵害时，首先由基层工会进行维权，如果基层工会维权有困难，可以由基层工会通知上级工会，上级工会根据情况与企业党政联席协商解决，同时也调集资源按照相关法律法规分析侵权问

① 刘翠：《工会维权职能研究》，西北大学 2011 年硕士学位论文，第 26 页。
② 同上。

题，提出最佳解决方案。这种方法通常适用于个别职工。如果事态逐步严重，侵害到职工群体利益，或者发生了恶性冲突，就必须上报同级总工会，调集政府相关资源介入调解①。

四、案例分析

北京市总工会法律服务中心与《劳动午报》共同评选出“2015 年北京劳动维权十大案例”。这十大案例是在 2015 年全市各级工会和劳动争议调解组织受理的近 2.4 万件案件中经过层层筛选选出的。这里遴选了三件案例供读者阅读和学习。

案例一　工会主席遭辞退，法援为其索赔 229 万元

岳某是某管理咨询（上海）公司北京分公司的区域销售总监。2011 年 9 月，经民主选举成为北京分公司的工会主席，任职期为 5 年。2014 年 6 月 23 日，用人单位以不胜工作为由将他其辞退。

岳某认为用人单位在管理中有悖《劳动法》的规定，他代表工会与公司沟通时产生矛盾，领导对其打击报复，把可以放到北京的项目放到了上海，造成业绩下滑，随后与其解除了劳动关系。他不服，要求公司继续履行劳动合同。

为维护自己的合法权益，岳某以工会主席的身份申请法律援助，工会指派一名律师担任此案的委托代理人。

最终处理结果是，一审法院判决用人单位继续履行与岳某的劳动合同，二审维持原判。后经法律援助律师与公司高层协商，双方当事人同意解除劳动关系，用人单位向岳某支付其年收入二倍的赔偿共计 229 万元。

---

① 刘翠：《工会维权职能研究》，西北大学 2011 年硕士学位论文，第 27 页。

在这个案例中，根据《工会法》和《北京市实施〈中华人民共和国工会法〉办法》的规定，用人单位违法解除工会主席的劳动合同，应给予本人年收入二倍的赔偿。法律援助律师据此制订了以用人单位违法解除劳动合同为认定基础、综合考虑维护工会主席合法权益的诉讼方案。本案中，用人单位以工会主席不胜任工作为由解除劳动合同，但公司既未告知岳某本人，也没按照《劳动合同法》的规定，对其进行调岗或者培训，且未经年底考核，就在2014年6月强行终止了劳动合同。同时，用人单位作为对解除劳动合同负有举证责任的一方，在诉讼过程中未出示相关证据证明岳某有不胜任工作岗位的行为，所以公司与岳某解除劳动合同不符合法律规定。最后，法院采纳了工会法律援助律师的意见，做出用人单位违法解除劳动合同的认定和判决。

案例二　调解员耐心释法，95位退休职工获取暖补贴

王女士等95人均为某国有食品有限公司的退休职工，他们大多居住在单位分的平房内。单位一直依据北京市冬季取暖补贴标准向他们发放取暖补贴，但从2013—2014年供暖季开始这一补贴被停发了。职工多次向单位反映情况，但问题迟迟未得到解决。

95位职工认为单位有意规避自己的法律责任，于2015年1月15日向北京市劳动争议调解中心申请调解，要求单位补发2013—2014年、2014—2015年供暖季的取暖补贴800元，之后按照国家标准发放取暖补贴直至职工去世。市调解中心接到调解申请后，指派了两位调解员进行调解。

经多次电话沟通，在了解双方分歧及可以让步的情况后，两位调解员组织双方现场调解。通过耐心释法、背靠背调解，最后双方达成调解协议。

最终处理结果是单位同意向95位退休职工补发2013—2015年取暖

补贴 800 元，之后每个供暖季向他们发放 400 元取暖补贴，直至职工去世。

本案中，职工认为单位需按惯例向他们发放 400 元补贴，而单位则认为无任何企业内部文件和相关法律规定，且发放取暖补贴只限于在岗职工，因此双方存在认识上的分歧。根据《国家劳动总局、民政部、财政部关于给退休职工发宿舍取暖补贴问题的通知》，退休职工与在职职工宿舍取暖补贴应当发放。工会调解员了解到，争议职工是居住在单位所建的平房中，根据《北京市劳动局、人事局、财政局关于调整职工冬季取暖补贴标准的通知》的规定，单位应按照每年 400 元的标准支付取暖补贴。通过普法，单位与 95 位退休职工达成调解协议。

该案件调解不是和稀泥，而是以法律规定为依据，从而使双方对处理结果均比较满意。

案例三　未洗净猪大肠被解职，工会调解帮厨师讨公道

周某于 2015 年 9 月 26 日入职北京某餐饮有限公司，岗位是后厨厨师，约定每月工资 5000 元，另有房补、车补 700 元。

2015 年 10 月 19 日晚，因周某没把做菜用的猪大肠洗干净，老板说他败坏了公司的名声，周某不服，双方发生严重冲突，老板当场将他辞退。因单位未支付工资，周某向北京市总工会法律服务中心申请援助，要求餐饮公司支付 2015 年 10 月 1 日至 10 月 19 日期间的工资、加班费、房补和车补。经双方同意，工会调解员为这起劳动争议进行调解。

最终处理结果是经工会调解，周某主张的工资、加班费、房补和车补三项诉求全部得到支持，共获补偿 5000 余元。

本案的申请人周某从入职到离职不足一个月，所有与工作相关的内容全都是口头约定，薪资、岗位、房补和车补等福利都是可以随着争议双方当事人情绪变化及矛盾激化程度而发生变化的。加之餐饮公司还没来得及为周某发放工资（未足月），如何确定劳动关系就成了非常难解决的问题。但如果劳动关系不能确定，周某的诉求便一项也不会得到支持。

在这种情况下，工会调解员首先对企业进行引导，一方面树立调解机构的权威，使其不敢妄自否认劳动关系的存在；另一方面及时告知案件调解结案后对企业的益处，使其更愿意朝着解决争议纠纷的思路上靠拢。进行调解时，在员工没有异议的情况下，调解员先让企业陈述，接着把当事职工的薪资数额、入职时间、离职时间确定了下来，然后把法律中关于如何计算工作日及加班费的规定向企业和员工讲清楚，这样算出来的数额双方均无异议，最终使他们达成调解协议。

总体来说，上述三项主要的工会帮扶工作，在帮扶困难职工的时候往往互相促进、互相补充，并根据各地困难职工的特征有不同的侧重。2016 年年初，全总针对困难职工帮扶中心的各项职能，提出采取“四个一批”措施开展分类帮扶。即针对有劳动能力的困难职工，通过加强技能培训、提供创业援助等方式，以就业创业解困脱困一批；针对因企业欠缴社会保险费或没有落实相关社保待遇的困难职工，推动将其纳入国家社会保险制度覆盖一批；针对因病致困返困的困难职工，推动将其纳入大病保险和医疗互助保险保障一批；针对符合低保条件的困难职工，通过社会救助兜底一批。“四个一批”措施反映了工会困难职工帮扶中心的多项职能，揭示了多项职能共同发挥作用的必要性。

第三节　社会工作介入职工帮扶的理念与方法

一、困难职工帮扶的社会工作理念

职工帮扶服务一方面是为职工提供直接的帮助，解决生活和工作难题；另一方面是要培养困难职工自己解决问题的能力，是由“输血”向“造血”转变的过程，这是帮扶工作的重点。因此，社会工作专业在介入职工帮扶过程中，应坚持其自身价值中的“助人自助”理念。简单来说，就是帮助有困难的人自己解决自己的问题，即为“授人以鱼不如授人以渔”的过程。困难职工帮扶中的这一服务理念要求工会社会工作者不仅要关注职工的困难有没有得到直接的解决，而且更要关注困难职工自身有没有学习到解决困难的方法。

社会工作专业相信人有巨大的潜能。在帮扶职工的过程中，工会社会工作者要善于挖掘困难职工自身的优势，并鼓励职工充分利用自身的优势，达到个人的能力提升和自我成长。工会社会工作者要帮助困难职工自发去寻找解决问题的方法，并勇于尝试。当困难职工遇到困难可以自己通过自身能力，寻找资源并解决问题时，以后遇到相似的问题，困难职工就可以自己解决，甚至可以去帮助他人，用生命影响生命。“助人自助”理念的充分实现更可以帮助工会社会工作者减轻负担，当更多的困难职工不再依赖外界的能力帮助自己解决问题，而是可以自主自发并且有能力自己解决问题的时候，工会工作者就可以有更多的资源和精力去帮助更需要帮助的职工。

二、困难职工帮扶的社会工作方法

在前面，我们介绍了困难职工帮扶的多种服务内容。事实上，在社会工作专业方法的辅助下，这些服务内容将会发挥更好的效果。

（一）个案工作

个案工作的目的是帮助个人和家庭减低压力、解决问题，最终达到个人和社会的良好的福利状态。困难职工在生活中可能会遇到各种困难，比如贫困、疾病、子女就学难等问题。针对这些困难，帮扶工作可以提供物质救济、疾病治疗优惠和发放子女助学金等帮助。然而由物质和身体引起的困难常常与职工的心理健康密不可分。职工的心理健康也直接影响着其生活质量和问题的根本解决。因此，工会社会工作者可以采用个案社会工作方法，一对一地了解有心理问题的职工的个人和家庭情况，不仅关注个人本身，还关注个人所处的环境以及个人与环境的互动，深刻掌握职工心理问题的成因，给予心理困惑的职工以帮助和心理疏导，使他们树立健康心态，增强生活自信。

（二）小组工作

小组工作是通过特定的小组活动，促进小组成员的能力发展，协助个人增进集体和社会功能，从而更有效地解决个人和小组的问题。小组工作同样可以有效地与困难职工的帮扶服务结合起来。在现实生活中，职工遇到的困难往往带有普遍性，比如家中有相同疾病的患者。面对生活困难，职工往往会感觉孤立无援，无知心人，无处诉说苦痛和挣扎。在这个时候，工会社会工作者可以通过了解职工的情况，将遭遇相同生活困难的职工组织在一起，建立职工之间的互助和支持小组，一方面可以在组员之间分享经验，提升自己处理类似问题的能力；另一方面也可以使组员相互之间有心理支持，排解负面情绪，得到理解，从而降低自己患心理疾病的可能性。当然，小组工作要求组员遵守保密原则，这也是工会社会工作者所要再三强调和注意的。一个好的支持小组有助于组员互帮互助，最终达到帮助个人成长的目的。除此之外，工会社会工作者可以把有不同背景和共同就业或维权需求的职工召集在一起，通过召开座谈会、专题讨论会等多种形式交流情感和经验。

（三）社区工作

社区工作是以整个社区及其居民为服务对象，提供助人的服务方法。由于20世纪80年代国有企业实行单位制，企业职工一般住在同一个社区，这类社区往往由国企单位开发建设，并以福利分房的方式解决单位职工的住房问题。20世纪90年代国企改革以来，这类的社区便成为国企下岗职工的聚集地，并随着时代的发展逐渐沦为老旧贫社区。工会社会工作者可以以这类社区为载体开展就业辅导和技能培训工作，帮助失业人员重新找到工作。同时，整合各种社区资源，在此类社区建立爱心药店、爱心超市站点，为困难职工提供生活方面的优惠和便利。

（四）社会政策的介入和倡导

在宏观层面参与制定或倡导公平的社会政策，是工会社会工作者服务困难职工的重要方式之一。在大多数情况下，针对就业、教育、医疗和社会保障等相关政策的介入和倡导，虽然是间接性的，但却是根本性的解决方法。工会社会工作者应该充分借助各级工会组织的源头参与平台，在系统和细致的把握困难职工的现状以及产生问题的根本原因的基础上，对修改、完善各种法律法规和政策措施提出相应的建议。

第八章 农民工的维权与服务

农民工是改革开放后伴随城镇化进程出现的一个特殊群体，是我国工人阶级的重要组成部分。2015 年，我国农民工总数达到 27747 万人，其中外出农民工 16884 万人，[①] 已经成为当前我国产业工人中人数最多的劳动群体。尽管这一劳动群体进入城市工作并长期居住在城市，但并未真正融入城市社会，是一个游离于城乡社会之间的弱势阶层，面临生存和发展方面的众多困境。这一庞大的劳动群体及其特殊的生存境遇，为工会社会工作提供了规模空前的服务对象和广泛的服务内容。2016 年 12 月，中华全国总工会、民政部、人力资源和社会保障部联合印发《关于加强工会社会工作专业人才队伍建设的指导意见》，把工会社会工作专业人才队伍建设作为提高服务职工群众的能力水平、构建和谐劳动关系的重要手段。

第一节 农民工是工会社会工作的重点服务对象

工会社会工作是我国工会工作改革创新的一项重要举措，目的在于借用社会工作的理念、知识和方法来拓展工会工作的内容和形式，更好

---

① 国家统计局：《2015 年农民工监测调查报告》，参见 http：//www. stats. gov. cn/tjsj/zxfb/201604/t20160428_ 1349713. html。

地服务职工群众。农民工的阶级属性及其当前条件下的弱势地位，决定了他们既是工会工作也是社会工作的重点服务对象。

首先，这是由工会社会工作的性质和价值决定的。社会工作发源于欧美国家的慈善事业，并在一些慈善组织及其领导人的推动下，逐渐形成系统的关照弱者和增进福利的理论和实践体系。从价值伦理上来说，社会工作本质上是一项服务性的社会事业，是社会工作者运用专业的方法和技巧，对处在不利地位的个人、群体和社区进行干预和帮助，以恢复、改善和发展其功能，使其能够适应和进行正常社会生活的服务活动。

19 世纪末，在英美等国的工业企业中，社会工作以对现代工业制度的反省和补充而出现。当时西方国家的资本和劳工之间的斗争非常激烈，对生产效率与企业利润产生了严重影响，企业管理也面临巨大的困境。企业内的社会工作正是在这样的背景下应运而生，从“员工福利方案”到“雇员咨询服务”，再到后来美国工业社会工作中的“工业酗酒方案”“员工协助方案”等，其主要的模式之一就是工会社会工作的模式，至今已经形成一套比较成熟的理论和实务方法，并在欧美各国以及我国港台地区的众多企业中广泛应用。在今天的中国，超过 2.7 亿的农民工已经是产业工人中最大的劳动群体，也是改革开放后伴随着国家工业化和城镇化发展而快速形成的一个弱势群体，他们天然就是工会社会工作的服务对象。

其次，农民工问题的解决是一项复杂艰巨的社会事业，需要包括社会工作者在内的社会各界的共同努力。农民工的“农民”身份，使他们在劳动报酬、安全卫生和社会保障等方面被区别对待，权益损害的情况非常严重。针对农民工的困难和需求，目前我国的城市社会服务体系并未做出妥善的应对。城市社会的公共服务和社会资源，基本上是以城市户籍人口数作为配置的依据。对于农民工来说，管理和控制是政府的主要职能，各类应有的服务和保障基本上处于短缺的状态。在大多数城市，农民工问题长期是由公安部门牵头负责，重心在于治安管理，而对于职业培训、劳动安全、子女教育和社会保障等问题，政府相关部门的介入非常不足。一方面是农民工迫切的服务需求，另一方面是城市公共服务体系的供给不足，这种反差为工会社会工作的介入提供了广阔的服务市场和发展空间。国家的公共政策目标，需要通过社会工作者的行动转化为农民工所需要的社会服务，从而帮助他们应对在城市就业和生活中遭遇的困难和问题。因此，工会组织在农民工的维权和服务方面责任重大，既要培养自己的社会工作者队伍，同时也需要整合不同的社会力量，形成服务农民工群体的综合体系。

第二节　农民工的主要问题和需求

在我国城镇化过程中，社会体制的调整、城市管理体系的改善和公共资源的建设与配置等，严重滞后于城镇化速度，使农民工群体在地域上进入了城市空间，从事非农工作，但是在生活方式上依然游离于城市文明之外。农民工在城市中遇到的问题和困境，绝不仅仅是个人的生存境遇问题，而是由于中国社会的特殊结构和社会体制所造成的整个阶层的困境。因此，农民工在城市社会所面对的困难，是一个涉及经济和社会发展多个层面的复杂问题。工会社会工作不可能一劳永逸地解决所有问题，但却能够成为解决农民工问题的综合社会方案中的一个重要部分。

一、劳动问题

农民进城务工和经商的目的，首先是为了赚钱。进入新世纪后，新生代农民工持续增多，逐渐成为外出农民工的主体，他们除经济目标之外，更追求个人在城市社会的发展。但无论基于什么样的原因，工作是农民工在城市生存和发展的立身之本。一份稳定的、有保障的工作，是农民工的最大利益所在。鉴于此，下面从四个方面简要概括农民工在就业领域的问题和需求。

一是信息渠道单一，难以找到稳定和满意的工作。目前农民工找工作最主要的方式是通过老乡或亲友介绍，以及通过一些职业中介机构寻找。这种方式限制了农民工的选择范围，使他们难以找到适合自己能力和实现自身发展的满意工作，并将他们局限在低层次的劳动力市场当中，难以获得职业地位的向上流动。2012 年 2 月，清华大学社会学系联合工众网发布的《农民工“短工化”就业趋势研究报告》显示，农民工持续一份工作的时间越来越短，“高流动”和“水平化”特征显著。在被调查的注册公众网的农民工中，有 66%的人更换过工作，有 25%的人在近 7 个月内更换工作，50%的人在近 1.8 年中更换了工作。

二是劳动强度大、工作时间长、工作环境差和工资水平低。农民工的超时劳动和高强度劳动已经成为影响他们身体健康的重大问题。2010 年上半年富士康公司的员工“跳楼”事件，十几位农民工以自杀的方式诉说劳动的艰辛。当时一篇报道提到，“经济危机后一个工人顶两个用。在富士康厂内，平均每天工作 10 个小时，早上 7 点半进厂，晚上 7 点半出厂，中间有 1 个小时的午饭和休息时间，其中 2 个小时以加班算。小丽说，员工手册规定每工作 2 个小时就可以休息 10 分钟，但是很多时候都不能按规定休息，往往是除了中午休息 1 小时外，一天就只有 10 分钟的时间上洗手间。有的部门甚至长期要加班 3 个小时”①。同时，农民工的工作条件差、环境恶劣，很多劳动场所存在高温、粉尘、噪声、有毒有害气体等严重污染情况。然而，农民工并未获得与劳动艰

① 参见高靖、龙锟、王纳：《富士康管理也“钓鱼”》，《广州日报》2010 年 5 月 13 日，A21 版。

苦度相对应的工资收入。很多数据表明，农民工的平均工资远低于城镇职工的平均工资，并且拖欠工资的现象屡禁不止。

三是劳动权益保障问题严重。国家统计局的监测数据显示，2015年外出受雇农民工与雇主或用人单位签订劳动合同的占39.7%，与前几年相比下降比较明显。[①] 参加社会保险的水平虽然有所提高，但是总体仍然较低。2014年，雇主或用人单位为农民工缴纳养老保险、工伤保险、医疗保险、失业保险和生育保险的比例分别为16.7%、26.2%、17.6%、10.5%和7.8%。[②] 除此之外，对于由政府支出的非缴费性的城市社会福利和社会救助，并没有将农民工纳入覆盖范围。

四是技术和技能缺乏。在职业生涯中，农民工普遍缺乏技术和技能，相关职业培训严重不足。虽然很多农民工或许具备一些技能，如在家乡的时候可能是手艺人或某项能手，但是获得职业资格证书的比例不高。国家统计局的数据显示，2014年，农民工中接受过农业技术培训的占9.5%，接受过非农职业技能培训的占32.0%[③]。在经济结构转型的大背景下，市场越来越需要知识和技术含量较高的劳动者。知识和技能不足，对农民工就业的稳定性和职业地位的提升非常不利。

二、家庭问题

农民工离开家乡进入城市，在一个陌生的环境中开始新的生活，一是由于从事时间长、强度大的工作，闲暇时间非常有限；二是由于收入低下和消费能力的不足，使他们家庭的物质生活和精神生活受到一定的影响。调查发现，农民工家庭生活中的困难和问题主要集中在收入偏

---

① 国家统计局：《2015年农民工监测调查报告》，参见 http：//www.stats.gov.cn/tjsj/zxfb/201604/t20160428_ 1349713.html。

② 国家统计局：《2014年全国农民工监测调查报告》，参见 http：//www.stats.gov.cn/tjsj/zxfb/201504/t20150429_ 797821.html。

③ 同上。

低、家庭经济困难、住房困难和居住环境差等客观物质条件。农民工虽然进入城市，但是他们多数居住在城乡接合部地区，在地理空间上仍处于城市边缘地带。随着近年来城市规模的不断扩张，一些城乡接合部地区离中心城区的距离也越来越远，进一步强化了其空间的边缘性；另一些城乡接合部地区在城市扩张中仍然保留了村落形式，由于已经被周边的高楼大厦所包围，从而演变成现在的“城中村”。“城中村”的问题不仅在于居住条件相当恶劣，而且存在消防、治安等众多隐患和风险。

此外，夫妻分居也是不少农民工面对的实际问题，这对农民工的家庭关系产生较大的冲击。大多数农民工处于夫妻分居的状态，面临家庭照料、子女抚养和教育等方面的诸多困境。同时，新生代农民工特别是对于男性来说，更面临着人生中最重要的婚姻问题。这部分人处于一种比较尴尬的位置，一方面他们失去了乡村婚姻制度的支持，那种由父母做主联系亲家的格局很大程度上已经被打破；另一方面他们在城市中的婚姻之路是比较艰难的，性别比的差异以及他们的经济能力、交往范围等，限制了他们的婚姻选择。婚姻困境同时引发了很多社会问题，如在中西部省市的部分农村，产生了不少有组织、有预谋的婚姻诈骗活动。

如果说农民工的就业、收入、住房和家庭经济困难主要应通过相应的社会政策去缓解的话，那么农民工在夫妻分居、年轻人找对象、家庭照料等方面的困难就更需要社会工作者的介入服务。

三、社会融入问题

从社会学的理论视角来看，社会融入是处于弱势地位的主体能动地与特定社区中的个体与群体进行反思性、持续性互动的社会行动过程[①]。对于农民工而言，社会融入是这一劳动群体适应城市文明并融入

---

① 陈成文、孙嘉悦：《社会融入：一个概念的社会学意义》，《湖南师范大学社会科学学报》2012 年第 6 期。

城市生活当中的持续过程。对于融入程度和指标的考察，一般涉及经济融入、行为适应、文化接纳和身份认同等①。

在经济融入层面，从农民工的工作条件、经济收入、居住环境、职业声望和教育培训等情况来看，农民工的融入状态很差，客观上是城市社会的底层群体。从行为融入的情况来看，农民工的交往行为具有明显的"内卷化"特征，只能在本群体的内部不断扩展各种关系和网络，虽然他们在城市中开始拥有一定数量的市民朋友，但是相互之间的亲密度、信任度仍然很弱，并且农民工在城市社区的参与活动非常有限。在城市文化的接纳上，农民工的态度相对积极，特别是很多人希望自己的子女能够进入公立学校读书，与城市儿童保持更多的交往，但事实上文化融合是一个涉及接纳和排斥的双向过程，目前面临的障碍还有很多。关于身份认同，涉及农民工与城市人之间的心理距离和最终的归属感，是其社会融入的核心标志。在20世纪90年代，农民工在城市中感受的社会排斥较为强烈，当时在北京、上海、武汉的一项调查显示，有45%的农民工感到有时会受到歧视或受到某些城里人的歧视，有18%的农民工感受到当地市民的强烈歧视，两者相加，也就是说共有63%的农民工有社会歧视的感受。同时有三分之二的农民工表示不敢也不愿意与城里人交朋友。② 进入新世纪后，随着时间的推移，农民工的这种社会排斥感出现了较大的下降，一项调查显示，认为在城市里有被城里人看不起感觉的农民工大约为五分之一，而一半左右的农民工认为没有受到歧视。然而，排斥感、歧视感的降低，并没有改善农民工城市人的身份认同状况，只有9.9%的农民工认同自己的城市身份，75.4%的农民工不

① 杨菊华：《流动人口在流入地社会融入的指标体系——基于社会融入理论的进一步研究》，《人口与经济》2010年第2期。

② 凌月：《冲突与宽容》，《中国青年报》1997年1月18日，转引自李强：《农民工与中国社会分层》，社会科学文献出版社2004年版，第227页。

认为自己是城市人①。

四、精神文化需求

多数农民工的职业都是时间过长、压力较大、收入较低的脏、苦、累工作，他们没有时间、精力和相应的条件参加城市社区的各种文化活动。在工作之外的闲暇时间，农民工经常从事的休闲方式主要有三种，分别是听广播看电视、读书看报和逛街、逛商场。这三种方式有一个共同特点，就是不需要他们付出太多的经济成本，并且容易获得参与的条件。而对于社区活动、单位组织的相关活动，农民工的参与非常少。有调查显示，有近一半的被调查者反映他们生活单调、心里苦闷，并且还有三分之一的人反映人身安全没有保障②。

在农民工群体中，新生代农民工的精神文化生活的需求尤其突出。新生代农民工正处在交友、恋爱、结婚的黄金期，对思想沟通和情感交流的需求更强。由于上班时间过长、接触面较窄，以及企业文化建设的不足、社会人文关怀的欠缺，交友、婚恋和精神情感成为困扰新生代农民工的首要心理问题。有调查发现，“感情孤独”已经成为新生代农民工面临的主要困惑，在北京建筑业接受调查的农民工中，超过七成将“感情孤独”作为困难的首选③。在这种情况下，很多新生代农民工可能会养成一系列不良嗜好，如酗酒、赌博、网瘾等，严重伤害他们的身心健康。

① 叶鹏飞：《农民工的城市认同与定居意愿研究》，光明日报出版社 2013 年版，第 110 页。

② 关信平：《社会工作介入农民工服务：需要、内容及主要领域》，《学习与实践》2010 年第 4 期。

③ 中国工运研究所：《新生代农民工：问题·研判·对策建议》，中国工人出版社 2011 年版，第 15-16 页。

五、子女教育问题

从20世纪90年代开始，农民工随迁子女的数量逐年递增，城市义务教育资源短缺状况凸显出来。特别是在2004年以前，农民工子女进入城市公立学校需要缴纳借读费、赞助费等额外费用，导致其在公立学校的就学非常困难，从而不得不进入教育资源、教学质量等都存在较大问题的打工子弟学校。尽管目前大多数农民工随迁子女就读于城市公立学校，但有研究指出，其调查所涉及的接纳农民工子女的公办中学，均位于城乡接合部，从教育教学设施到师资力量，都无法与城市儿童集中就读的学校相媲美。用教师的话说，“来我们学校就读的城市儿童也是比较差的”[①]。近年来，尽管农民工子女入学难的问题已经有了较大的改观，但有调查发现，仍有三分之一的被访者反映在不同程度上存在着子女入学难的问题，其中有9.3%的人在此方面困难还很大，这说明落实农民工子女在城市中平等受教育权利的工作还需要继续加强。另外，调查还发现，子女成绩不好和子女学习压力大的问题也在约三分之一的被访农民工中有所反映[②]。这说明子女能够入学并不是农民工对其子女教育的终极目标。在得到子女入学的权利后，子女的学习状况正在成为农民工下一步关注的焦点问题。

此外，随着时间的推移，大龄农民工子女的数量逐渐增加，使他们在义务教育完成后的继续教育问题上凸显出来。2012年8月，国务院转发教育部等四部门联合印发的《关于做好进城务工人员随迁子女接受义务教育后在当地参加升学考试工作的意见》，提出各省（区、市）要根据城市功能定位、产业结构布局和城市资源承载能力，根据进城务工

① 王毅杰、高燕：《农民工子女与城市社会融合》，社会科学文献出版社2010年版，第45页。

② 关信平：《社会工作介入农民工服务：需要、内容及主要领域》，《学习与实践》2010年第4期。

人员在当地的合法稳定职业、合法稳定住所（含租赁）和按照国家规定参加社会保险年限，以及随迁子女在当地连续就学年限等情况，确定随迁子女在当地参加升学考试的具体条件，制定具体办法。这为农民工随迁子女的异地中考和高考提供了政策基础，但是满足准入条件的农民工随迁子女的比例并不高，特别是在一些大型城市中，异地升学的条件相当复杂。

第三节　工会社会工作服务农民工的主要内容

上述农民工的广泛需要，意味着针对农民工的社会工作服务，需要整合在就业场所开展服务的工会社会工作、针对农民工子女教育问题的学校社会工作、面向农民工群体的婚姻家庭社会工作以及将社区和社区居民作为对象的社区社会工作等，形成一个全面系统的综合性服务框架和体系。这里聚焦于工会社会工作，主要从农民工的工作领域来讨论开展农民工服务的主要内容和项目，并延伸到一些相关问题的讨论。

国内工会社会工作的发展历史并不长，工会社会工作对农民工的服务更是最近几年才开始得到重视。2010 年深圳富士康企业发生的新生代农民工连续跳楼的事件，对工会社会工作开展农民工服务提出了极大的需求。事后，深圳社工界也积极参与到“富士康事件”的危机处理当中，二十多家社会工作专业机构、几百名社会工作者进驻富士康企业，对员工提供情绪疏导、康娱活动、员工需求调查等服务，以其良好的专业素养赢得了企业及员工的认可。东莞、广州、上海、浙江等沿海经济发达城市是农民工的主要聚集地，也是农民工问题最为集中的城市地区，因此这些城市的工会社会工作首先得到了重视和推广。在深圳，到2011年7月，已有4家社会工作服务机构得到9家企业20多名社工"订单"（包括富士康的两家企业），[①] 基本服务对象主要都是来自全国各地的农民工。南开大学社会工作与社会政策系在天津和深圳对52位社会工作人员的调查中发现，他们也已经在各个方面开展了对农民工的服务，涉及的服务内容相当广泛，包括进行有关农民工的调查研究、帮助农民工进行心理调适、帮助农民工提高权利意识、帮助农民工融入本地社会、帮助农民工维权、帮助农民工建立社会支持网络等。

基于农民工群体的生存和发展现状、存在的特殊困难和需求，以及工会社会工作的性质和特点，本节将工会社会工作服务农民工的重点领域概括为以下五个方面。

一、农民工的权益维护与劳动关系协调

劳动关系是最基本的社会关系之一。近年来，我国劳动关系领域的矛盾和冲突不断增加，成为影响经济发展与社会和谐的主要社会矛盾之一。其中，在农民工权益实现中存在一些亟待解决的问题，是引发劳动关系矛盾的重要因素。2001年至2007年，劳动争议以年均3.3万件的速度增加，到2009年达到了68.4万件，是2000年9.4万件的7倍多。[②] 而集体停工等职工群体性事件也在不断发生，特别是在2008年之后，一些群体性事件产生了较大影响，在全国范围内引起多方关注。2010年5月，广东佛山的南海本田汽车零部件公司发生集体停工事件，在随后的六七月间，类似的停工事件亦有发生。可以说，与就业相关的权益问题，是当前我国农民工进城就业和安身立命所面临的首要问题，也是工会社会工作服务农民工的核心问题。

① 管亚东、王冠：《企业社工：离开襁褓开始蹒跚学步》，《深圳商报》2011年7月25日，A14版。

② 转引自中国工运研究所编：《劳动关系与工会运动研究文选（2010）》，中国工人出版社2011年版，第74页。

在争取和维护农民工劳动经济权益方面，工会社会工作的内容主要包括四个方面：第一，积极参与劳动关系领域的法律法规和相关政策的制定。表达农民工的利益诉求，反映农民工的权益问题，倡导农民工的平等权利，增进政策的科学性和有效性，是工会组织的重要责任。第二，开展农民工权益方面的咨询服务。农民工文化程度低、维权意识薄弱等特征，是农民工基本权益受侵害的重要成因。工会社会工作开展农民工维权服务的一个重要方面是提高农民工的维权意识、增加农民工的法律知识、拓展农民工的维权渠道。第三，建立农民工与企业的有效沟通网络。企业经营者和农民工由于利益、立场的不同，矛盾和冲突的存在属于正常现象，问题是要建立起化解矛盾和冲突的正常机制，最大限度地实现企业和员工双方的互利共赢。工会社会工作者可以建立多种形式的企业经营者与农民工的沟通渠道，帮助双方了解对方的想法和需求，增进合作和互信，解决矛盾和纠纷，实现劳动关系的和谐稳定。第四，加强农民工的组织化维权。工人的力量一方面来自由自身人力资本决定的在劳动力市场中的讨价还价能力；另一方面则是经由联合起来而发挥的组织力量。各国经验表明，工会制度是劳工维权的有效手段之一。工会组织要积极吸纳农民工加入工会，利用工会的力量维护农民工的合法权益。同时，要督促企业按照《工会法》的规定建立和健全工会组织，建立集体协商、民主管理等相关制度。

二、农民工的教育和技能培训

要实现农民工的能力提升和城市社会融入，必须重视对农民工的教育培训工作。工会社会工作在农民工教育培训方面的服务内容主要包括职业培训、素质提升和培养自我发展能力。

首先，职业培训是不可忽视的一项主要内容。目前，农民工大多数就业于城市社会的次级劳动力市场，技术含量少，工作条件差，劳动报酬低。造成这种状况的原因，一方面有社会体制的因素，另一方面也有农民工自身素质的原因。在经济结构转型的大背景下，市场越来越需要知识和技术含量较高的劳动力。2003 年在珠三角地区首度出现的所谓“民工荒”现象，一种解释即认为出现“民工荒”的地区，实际上是陷入了一个低技术的陷阱，“民工荒”实质是“技工荒”，很多企业缺乏具备一定专业技能和工作经验的技术工人①。

对农民工来说，知识和技能不足对就业的稳定性和职业地位的提升产生较大的负面影响。要在未来的城市劳动力市场中获得就业机会和竞争优势，就必须不断提升自己的文化技术素质，以适应经济发展方式转变后的市场需要。从宏观社会结构的转型来说，由于农民工已经成为产业工人的主体，因此提高他们的文化素质和技能水平，对提高未来我国社会中产阶层的比重、促进经济社会的持续发展意义重大。在服务过程中，社会工作者要与政府劳动部门、企业人力资源管理部门、工会组织等保持紧密联系，充分利用政府资源、社会资源和企业资源开展多种形式的农民工技能培训。目前我国农民工就业的流动性强、短期化现象比较突出，多数企业没有动力开展有效的人力资源建设，因此特别需要动员相关政府部门的力量，从提高国家整体劳动力素质的角度，整合各种社会资源加强农民工的职业培训。

其次，提高农民工的文明素质和现代意识。农民工仍然带有较强的乡土意识，进入城市的初期通常不适应城市的行为方式。培养农民工的城市生活方式和法制观念，提高他们对自身权益的认知，是保护农民工的各项权益、促进农民工在城市社会中融入的重要方面。

工作场所是农民工在城市社会中工作和生活的主要空间，很多农民工，如建筑工、新生代农民工等，他们的就业单位既是他们的劳动空

① 谢建社：《新产业工人阶层：社会转型中的农民工》，社会科学文献出版社 2005 年版，第 153 页。

间，也是他们主要的生活空间。工会社会工作可以在城市生活方式培养方面发挥重要的作用，对农民工开展城市生活方式的教育培训，开展法律意识和法律知识普及的教育培训，包括自身维权、预防犯罪以及文明健康安全生活所需要的法律法规知识。

最后，提高农民工在城市中的自我发展能力。这方面包括就业能力、学习能力、自我保护能力等。工会社会工作要以工会组织为核心，整合社区和其他民间组织等平台资源，通过组织团体活动等方式促进农民工的参与意识和组织化意识，通过不同的教育培训方式为农民工提供城市生活的基本知识，增强他们的信息获取能力，并引导他们树立主动学习的意识。

三、农民工的社会支持和社会融入

农民工进入城市社会后，他们原有的极其丰富的乡土社会关系网络受到弱化，同时他们也未能建立起有效的城市联系。在应对工作和生活困难时，农民工的社会支持体系显得非常无力。在就业过程中，农民工对于他们从乡村社会带出来的关系网络仍具有高度的依赖性，亲属、老乡群体不仅可以为他们提供流入地的就业信息，甚至在选择职业的过程中提供多种直接性的帮助。有调查显示，在面对困难的时候，农民工的应付能力非常不足，有45.6%的农民工选择在遇到困难时会努力自己想办法解决。对于求助对象的选择，他们主要考虑的是向亲友求助，有42.7%的农民工表示如此。此外，求助于工作同事的比例较高，选择的人数有23.9%，而利用政府机构、媒体、法律等正式渠道解决自身难题的农民工只有很小的比例①。可见，农民工在城市社会的工作生活中仍然保留了较强的乡土社会联系，亲缘、地缘关系仍然在农民工的生活中

① 叶鹏飞：《农民工的城市认同与定居意愿研究》，光明日报出版社2013年版，第66页。

发挥着重要的支撑作用。因此，对于工会社会工作来说，如何聚焦农民工的就业和工作场所，整合企业资源和社区资源，建构农民工城市工作和生活的新的支持体系，是农民工市民化和城市融入过程中的重要议题。

社会支持方面的服务可以从以下几个方面开展：

一是通过组织团队活动的方式，在农民工的血缘和地缘关系之外，扩大农民工的社会交往范围。工会社会工作者要创造一个企业内部不同职业、不同部门和来自不同地区的员工共同参与的团队环境，增加企业员工之间的联系和交流，协助农民工在工作领域建立起广泛而有效的人际关系。

二是整合企业资源以及农民工居住社区的资源，针对农民工工作和生活中遭遇的问题和困难，建立起工会组织、社会工作者、社区、企业、政府相关部门和志愿服务机构等多方协作的长效帮扶机制。通过建立有效的社会支持网络，实现社区和谐、企业发展和农民工个人发展的紧密结合。比如，可以由在社区层面建立由工会组织、企业、社工机构参与的就业服务平台，为农民工提供就业信息和就业辅导。在这个过程中，工会社会工作者还要致力于改变过去歧视农民工的观念，帮助企业、本地市民和农民工等不同人群，树立就业平等的观念，积极推动农民工与本地市民就业机会的平等化。此外，对于农民工面对的其他困难和问题，如家庭经济困难、子女入学难、恋爱婚姻家庭问题、健康问题、城市生活适应问题、遭遇意外事件等，都可以通过这样的社会支持体系加以解决。

三是工会社会工作者通过协调企业、社区和其他组织力量，促进社区和当地居民对农民工的认同和接纳。城市社区的接纳是一种与社会排斥相反的力量，对于新进社区的农民工来说，应该是一种明显的社会支持。社会工作需要动员相关资源，通过各种方式促进城市社区组织和社区居民从心理上、文化上和交往上理解和接纳农民工，帮助他们融入城市社区。同时，工会社会工作者要鼓励和推动农民工的社区参与，一方面促进社区组织和本地居民为农民工提供参与的机会，防止在社区公共事务中对外来农民工的排斥和忽略；另一方面培养农民工的社区参与意识，促进农民工参与社区的选举和表达意见。

四、农民工的心理健康和文化生活服务

农民工的心理问题是一个非常重要但没有引起相关方面注意的重大问题。由于各种因素的存在，农民工既受到城市居民的歧视，又感受到制度方面的排斥，很容易产生一些负面的心理情绪。同时，农民工离开家乡和亲人来到陌生的城市，必然面临着诸多不适应，在工作、生活、婚姻、家庭等各方面都可能遇到困难而产生心理压力。特别是新生代农民工，对于人际沟通和情感交流的需求更加迫切。此外，精神文化生活的匮乏，使农民工的心理压力和紧张情绪得不到有效缓解。大多数农民工都在制造业、建筑业、服务业等行业中从事长时间、高强度和高负荷的工作，常常感到身心疲惫、孤独寂寞。因此，如何丰富农民工工作之外的业余生活，如何为农民工提供积极的心理辅导和情感支持，是工会社会工作不能忽视的重要领域。

首先，工会社会工作要通过心理咨询和辅导、行为矫正等方式，促进农民工形成积极、健康的心理状态和行为模式。包括对农民工的家庭问题提供专业辅导；引导农民工理性地面对与资本方的矛盾和冲突；重视农民工的心理和健康问题，提高农民工的疾病防护意识；对农民工特别是新生代农民工，通过多种形式提供恋爱婚姻辅导，帮助他们解决恋爱婚姻中遇到的各种问题，排解心理压力。总之，要通过改善环境、提供辅导、增进农民工自身心理调适能力，帮助他们增强生活的信心及在城市中的生存能力和适应能力。

其次，要充分借助企业和社区资源，开展体育、休闲和娱乐活动，为农民工打造温馨、放松的业余生活模式。休闲娱乐服务的目的在于使农民工及家属能在工作之余，通过适当的休闲活动，缓解紧张情绪、恢复体力，并充实生活内容，增加生活意义与价值。工会组织要积极建议和推动企业投入更多资源来改善职工的文化生活。比如，建设职工书屋、运动设施等，举办不同形式的团体活动，增进员工之间的沟通和交流，增强他们对企业的认同。同时，由于农民工自身才是文化活动的主体，工会社会工作者需要注重激发农民工的自主性，引导他们重视业余文化生活，推动他们积极参与到健康有益的文化生活中去。

五、特殊农民工群体的服务

在农民工群体中，有一些亚群体因其特殊的情况而需要更多的或特别的服务，包括处于失业和贫困中的农民工、新进城的农民工、新生代农民工以及女性农民工等。工会社会工作需要对这些特殊群体给予特别的关注，针对不同群体的特征和需求，提供有针对性的服务活动。

首先，工会社会工作应重视对失业和贫困农民工的服务。对失业和贫困农民工的帮助可以在各个平台上展开，包括社会福利和社会救助工作。工会社会工作的主要任务，是要结合社区社会工作，为困难农民工提供就业服务，包括传递信息、开展培训、提供辅导等，以及争取资源，为他们提供必要的生活扶助。

其次，工会社会工作应重视对新入城农民工的服务。新入城农民工往往会遇到许多问题，包括寻找就业岗位、寻找住处等方面的难题，他们尚未建立起在城市中的社会关系网络，遇到困难时往往更缺乏社会支持。因此，需要对新入城的农民工集中提供特定的服务，包括就业服务、解决生活困难服务、城市社会知识服务，以及必要的法律、健康和生活知识服务等。可以联合劳动部门、其他社会组织，依托劳动力市场建立新入城农民工服务站，兼顾就业服务的重点和其他综合性的服务。事实上，社区社会工作、学校社会工作等也都应该将新入城的农民工及其子女作为服务的重点。同时，做好新入城农民工的工作还应该建立城乡联动机制，各种服务工作可以从他们入城前就做起。

最后，工会社会工作应加强对新生代农民工的服务。新生代农民工在其身份上仍然是农民工，但是这些“80后”或“90后”的新一代农民工在思想意识、价值观念、进城的目标以及对城市生活的态度和期望值等方面与其父辈已经有很大不同。新生代农民工对我国未来经济与社会发展将具有重大的影响，他们的素质和职业稳定性将直接影响我国未来能否实现在转变经济发展方式基础上的进一步发展。新生代农民工的问题已经引起了社会的关注，但目前针对这一群体的实际工作还没有全面开展。工会社会工作对这一群体开展的服务，一要根据他们的心理特征，特别关注他们的自我意识和自主性，更多地尊重他们的权利和选择；二要着重在职业培训、职业生涯规划等方面提供指导和帮助，促进他们自身能力的提升；三要更多地重视他们在城市社会中的融入，拓展他们在城市中的关系网络。当然，这些工作需要与社区社会工作、婚姻家庭社会工作等结合起来。

此外，工会社会工作应重视对女性农民工的服务。尽管女性农民工从数量上看比男性农民工要少，但相对于男性农民工来说，女性农民工具有更加特殊的困难和需要，因此工会社会工作应当具备性别意识，考虑农民工在各种需求和问题上的性别差异。社会工作服务农民工的性别视角应该是全方位的，包括就业服务、教育培训、健康、恋爱婚姻与家庭、预防犯罪等，应该根据女性农民工的特殊性而提供专门的或特别的服务。从目前情况看，以下几个方面需要特别关注：一是女性农民工的就业权益和就业保护问题；二是女性农民工的健康服务；三是加强对一些特殊服务行业女性农民工的服务，包括一些在城市中从事地下色情服务的农村青年女性，社会工作者要关怀她们的处境，尤其是要关心她们的健康问题，为她们提供自我健康保护的教育培训等。

第四节　工会社会工作服务农民工的主要方法

西方国家针对企业员工开展的社会工作已经有一百多年的历史，其中以工会组织主导的工会模式是最主要的模式之一。我国改革开放后，由于农民工问题的凸显及其复杂性，很多沿海经济发达地区的工会也在不断尝试解决与企业生产相关的一系列农民工问题。这些实践经验体现了不同社会工作模式在农民工服务的运用，也是对西方国家社会工作模式的应用和拓展，各有自己的特点和成效。目前，我国工会社会工作主要有两种模式：一是工会出资购买社工服务项目，与民间专业社会工作机构订立合同，利用其专业性来服务农民工群体；二是工会组织自身设立社会工作者岗位，面对农民工直接开展相关的维权和服务工作。在全国总工会的推动下，我国工会社会工作将会在农民工的维权和服务领域发挥越来越重要的作用。

工会社会工作介入农民工服务是一个多层面的过程，既涉及对农民工个体困难的支持，包括关注物质贫困、心理健康和劳动纠纷等问题，同时也涉及要从法律、制度和政策的角度，改变农民工所处的不利的社会环境。这就意味着，在介入农民工服务的过程中，工会社会工作实务要将个体干预的方法与宏观的政策诉求结合起来。

一、政策倡导

工会组织在社会政策的介入和倡导方面具有极大的优势，这本身也是工会组织参与职能的重要体现。对于农民工问题来说，这种方法既是间接性的，也是根本性的。我国目前出现的众多农民工问题，根本原因还在于制度设置的不公平，特别是户籍制度以及与之相关的就业、教育、医疗和社会保障等城乡分割的体系。因此，对于宏观层面的公平的社会政策的诉求，是工会社会工作服务农民工的重要方式之一。工会社会工作者有能力也应当成为农民工利益的代表者和倡导者，把握农民工问题的现状以及造成问题的根本原因，通过专业机构，协同劳动部门、企业和其他社会组织等，对修改完善各种法律法规和政策措施提出相应的建议，从根本上倡导建立健全城乡一体化的社会发展体制，促进解决农民工所面临的制度不平等问题。

二、个案工作

个案工作的目的是要帮助个人和家庭减低压力、解决问题，达到个人和社会的良好福利状态。对于农民工来说，技能不足和资源短缺导致他们难以改变所处的弱势社会地位，需要来自外界的特定支持。主要涉及两个方面：一是针对农民工的就业信息、就业途径不足等问题，工会社会工作者可以根据不同农民工的不同需求，提供相应的就业信息，促进农民工求职方式的多元化；在信息提供的过程中，注重提供必要的咨询，组织经验交流，以提高他们在求职中的竞争力和工作适应性。二是针对农民工现代意识较弱的现状，工会社会工作者可以围绕一些重要的法律知识和农民工最常遇到的侵权问题，进行专题辅导或宣讲，提高农民工的法律意识和维权意识，鼓励他们在权益受侵害时，通过制度化的渠道理性维权。

三、小组工作

小组工作是通过特定的小组活动，促进小组成员的能力发展，来更有效地处理个人、小组或社区问题。对于农民工问题，一个最可行的途径是建立不同形式的互助小组①。一方面，工会社会工作者可以把那些有着不同背景但却有着共同需要和问题的农民工召集在一起，建立起一个联系密切的小组，彼此分享生活、就业和维权等方面的信息和资源，并通过开展座谈会、专题讨论会等多种形式交流情感和经验。另一方面，工会社会工作者可以邀请那些曾经遇到过相似的问题但目前已取得成功的农民工加入小组中，通过他们对自身经历和经验的讲述，加深农民工对问题的自主理解，培养他们的行动意识，并由此提高他们融入城市社会的信心。这种小组活动，容易在农民工之间产生心理上的共鸣，从而调动他们的积极性和主动性，培养他们的参与意识和主动意识。

四、社区工作

社区工作是以整个社区及其居民为服务对象，提供助人的、利他的服务方法。农民工进入城市，不仅自身面临众多困难，而且也给城市社区居民和城市社区的管理工作带来一些影响和问题。目前，随着城市社区的发展和成熟，农民工受到的排斥日益减少，他们的生活也逐步被纳入社区体系当中。因此，以社区为基本单位，积极开发、利用社区资源，立足于提高包括农民工在内的社区居民的凝聚力，是工会社会工作者的使命之一。

工会社会工作者可以协助开展的社区工作项目有两个方面：一是在与社区居民、社区组织等建立专业关系后，逐步改变社区原有城市居民对农民工的排斥心理，引导他们树立理性的态度，正确对待农民工进城所带来的问题和贡献。二是整合各种社区资源，协助农民工在城市社区重新建立有效的社会支持网络，使他们拥有一个良好的生活环境，同时也能够参与到社区活动和社区服务当中。

---

① 安民兵：《社会工作的介入：解决农民工问题的一种有效途径》，《中共桂林市委党校学报》2007 年第 1 期。

第九章　女职工服务工作

第一节　女职工的特点与需求

女职工是指从事一定经济和社会活动，以工资形式获得收入的女性劳动者（包括脑力劳动和体力劳动）[①]。由于传统观念的影响，以及女性在生理以及社会角色上的特殊性，使得女职工队伍的发展有自身的特点，并且在问题和需求上与男职工有着明显的差异。

一、女职工队伍发展的特点

（一）女职工队伍数量发展迅速

新中国成立以前，女职工人数很少，主要集中在轻工和纺织行业。她们生活在社会最底层，饱受压迫。新中国成立后，随着经济社会的快速发展，职工队伍中的女职工数量不断增加。从新中国成立初期的 61 万人（占职工总数的 7.5%），发展到 1978 年的 3128 万人（占职工总数的 32%）。截至 2015 年 9 月底，在已建工会单位中，女职工人数已达 1.16 亿人[②]（占职工总数的 37.7%）。

---

① 中华全国总工会：《工会女职工工作概论》，中国工人出版社 2013 年版，第 1 页。
② 数据来源：《中国工会统计年报 2015》，调查时间：2015 年 9 月 30 日。

（二）女职工队伍结构变化剧烈

改革开放后，随着社会主义市场经济体制的确立，我国在经济、社会等各个方面都发生了深刻变化。女职工队伍的基本结构也随之发生了巨变，这些变化主要体现在文化技能水平、行业分布、地区分布等方面。

从文化技能水平上看，新中国成立初期女职工大多是文盲或者半文盲，随着九年制义务教育的普及，女职工受教育程度普遍提高，知识型和技能型人才逐渐增多。从行业分布上看，新中国成立初期女职工大多集中在轻工和纺织等传统行业，随后逐渐扩展到国民经济的各行各业和科教文卫、党政机关等所有领域。从地区上看，新中国成立初期女职工主要集中在经济发达地区和城镇，但随着工业化和城镇化进程的加快，大量农村女性劳动力开始向非农业和城镇转移，成为女职工群体的组成部分。《中国工会统计年报 2015》的数据显示，截至 2015 年 9 月，女性农民工会员数量达到 4700 万人，占女职工总数的 41.7%，在浙江、福建、广东、四川、贵州等省市，这一比例更是超过了 50%，有些甚至接近 60%。

二、女职工工作的特点

（一）女职工工作的特殊性

女职工工作的特殊性是由女职工的生理特征、心理特点共同决定的。一是女职工特殊的生理。女性有月经、怀孕、生育、哺乳等特殊生理特点，需要进行“四期”保护。另外，女性的心肺功能、骨骼承受力等均弱于男性，需要在劳动和工作的过程中进行特殊保护。二是女职工特殊的心理特点。历史悠久的中华文明发展基本上是建立在男尊女卑的两性关系基础上的，女性从一出生就被教导“谦逊、隐忍、温柔、忘我”，这些符合男权意识的规范让她们臣服于父、兄、夫的统治之下。

长期的社会压抑让女性缺乏自我意识、缺乏反抗精神，其潜能长期被压制与忽视；女性长期附属于家庭，附属于社会，对各种事务缺乏主动权。五四运动打破了几千年来压在中国女性身上的封建枷锁，新中国的成立更进一步解放了中国女性。但因为传统社会意识与观念的根深蒂固，部分女性还存在自我束缚、自卑自闭、容易满足、逆来顺受、心理承受力差等心理特点。

由于女职工生理和心理的特殊性，使她们在生活和工作中容易遇到一些特殊困难。工会作为职工自己的组织，不仅要反映和解决男女职工共同的问题和需求，还要专门关心和解决女职工的特殊问题和需求。

（二）女职工工作的相对独立性

女职工工作的特殊性决定了这一工作的相对独立性。女职工工作有其特殊性和规律性，需要进行专门的调查研究，以便更准确地把握其规律，更有效地代表和维护女职工的合法权益和特殊权益。因此需要有一个专门的女职工组织机构来独立负责、有针对性地开展工作。

（三）女职工工作的综合性

女职工工作的综合性是指女职工工作与国家有关部门和工会各业务部门的工作都有着密切联系，涉及女职工利益方面的工作内容广、领域宽，凡是有女职工的地方就有女职工工作。女职工工作要融于整个工会工作中，必须坚持“全会抓女职工工作，女职工工作为全局工作服务”的原则，统筹协调、整合工会内部的各种资源。工会各个职能部门在研究部署工作时，都应将女职工工作的有关内容纳入其中，积极配合、支持和协调女职工组织做好女职工工作。

三、女职工的需求及其发展变化

（一）女职工的一般性需求

女职工的一般性需求是指与一般职工相同的需求。

从需求层次理论的角度来分析，工会的工作内容从职工的需求角度进行了覆盖，包括劳动合同、困难帮扶、劳动保护、提升素质、建功立业等。需求层次理论告诉我们，首先满足职工的低层次需要，然后逐渐满足职工的高层次需要。在经济快速发展、职工收入逐年提高的背景下，有效满足职工的高层次要求变得更加重要。由于职工处在不同的发展阶段，所以其最迫切的需求有所不同；另外，同一个职工在自身的不同发展阶段，其最迫切的需求也是不同的。工会应该面对不同的职工群体开展有针对性的工作，以更有效地满足职工的要求。

（二）女职工的特殊需求

1.“四期”保护需求

妇女的“四期”指月经期、怀孕期、产褥期和哺乳期。这是妇女独特的生理特征，关系到人类自身的生产和延续。在“四期”期间，妇女的身体很脆弱，容易感染和引发各种疾病，需要特别的保护和照顾。《中华人民共和国妇女权益保障法》第二十六条规定：任何单位均应根据妇女的特点，依法保护妇女在工作和劳动时的安全和健康，不得安排不适合妇女从事的工作和劳动。妇女在经期、孕期、产期和哺乳期受特殊保护。第二十七条规定：任何单位不得因结婚、怀孕、产假、哺乳等情形，降低女职工的工资，辞退女职工，单方解除劳动（聘用）合同或者服务协议。

2. 特殊劳动保护需求

由于男女在生理上的差别，决定了女职工不宜从事重体力劳动。2012 年国务院颁布并实施的《女职工劳动保护特别规定》，规定了女职工禁忌从事的劳动范围，包括矿山井下、第四级体力劳动强度的作业等。另外，还对经期、孕期、哺乳期禁忌从事的劳动范围做出了明确规定。

3. 心理关爱需求

由于生理以及社会文化的影响，女职工不仅承担生儿育女的责任，同时也在赡养老人、家务劳动中扮演着更为重要的角色。但这些责任往往被认为是理所当然的，无法因此获得劳动报酬。与此同时，女职工在工作中承担着与男职工相同甚至更多的工作压力，却在工作机会、劳动报酬、职业发展等方面受到或多或少的差别对待。而女职工为了更好地平衡家庭和工作，往往需要付出更多的努力，其心理压力可想而知。从这些方面来说，女职工迫切需要心理关爱。

第二节 工会女职工工作的主要内容

按照《工会法》《中国工会章程》《工会女职工委员会工作条例》等法律、法规、规章的规定，女职工工作的主要内容包括组织建设、提素建功、维护女职工的合法权益和特殊权益、劳动保护等。

一、提升素质和建功立业

不断提高女职工的综合素质，组织动员广大女职工在促进经济社会发展和全面建成小康社会的伟大进程中建功立业，是新形势下工会女职工工作的一项重要任务。

（一）提高女职工队伍的整体素质

1. 提高女职工素质的基本内容

一是提高女职工的思想道德素质。工会女职工组织应该根据党和工会在不同时期的任务以及女职工的思想状况来确定思想道德教育的内容，把开展女职工思想教育工作作为党的思想政治工作的重要组成部分，把党的路线方针政策渗透和贯穿其中。

二是提高女职工的科学文化素质。女职工应该掌握基本的自然科学知识和社会科学知识，以适应现代科学技术发展和建设学习型社会、创新型国家的要求。工会女职工组织要结合实际，帮助女职工学习和掌握先进的科学技术，提升科学文化素质。

三是提高女职工的岗位技能素质。工会女职工组织应该鼓励女职工以新时期工人阶级的杰出代表为榜样，立足本职、爱岗敬业，通过岗位练兵、业务技能比赛等方式提高女职工的岗位技能。

四是提高女职工的心理生理素质。良好的心理和生理素质对于激发女职工参与家庭和经济建设的积极性和创造性至关重要。各级工会女职工组织要帮助广大女职工面对生活、就业、企业改制等压力，及时调整心态，正确对待和处理各种利益关系变化所带来的冲击。

2. 提高女职工素质的基本方法

一是搭建素质提升平台。各级工会女职工组织从自身的特点和优势出发，针对不同行业、不同类型以及不同层面女职工的实际，通过素质达标活动、开办业余学校、召开现场经验交流会等形式，组织丰富多彩的素质教育和活动，寓学习于工作之中，寓教育于活动之中，以女职工喜闻乐见的形式，吸引女职工广泛参与。面向日趋增多的女农民工，大力开展以提升女职工综合素质为目标的各种职业技能培训。

二是开展主题教育活动。利用“三八”“五一”“七一”等重要节日以及重大历史事件，在女职工中开展以为人民服务为核心，以爱祖国、爱人民、爱科学为基本内容的理想信念教育，引导其自觉践行社会主义核心价值观。

三是开展读书自学活动。各级工会女职工组织结合生产、生活和女职工的实际，组织开展不同形式的读书活动，营造积极向上、清新高雅、健康文明的学习氛围，激发广大女职工阅读、书写、交流的热情。

四是充分利用各类社会教育资源。工会女职工组织应该加强与党政有关部门和企业的协调和沟通，密切配合、形成合力，为提升女职工素质创造有利条件和良好氛围。

（二）组织女职工在全面建成小康社会中建功立业

全面建成小康社会是党的十八大提出的宏伟目标。把广大女职工动员和组织起来，鼓励和引导广大女职工积极投入全面建成小康社会的伟大事业中，以高度的主人翁责任感，在全面建成小康社会中充分发挥主力军作用，是工会女职工组织的一项重要任务。

2016 年 9 月，安徽省总工会女职委与中国电信安徽公司联合举办了 2016 年客户服务技能大赛总决赛。这次活动将竞赛组织与生产经营紧密结合，取得了良好成效。比赛涉及客户服务中心语音客服、互联网客服、知识管理以及分公司星级客服经理四个专业，共计 1400 名员工参加了比赛。比赛从 5 月启动，历时 4 个月，分预赛、复赛、决赛三个阶段，考试形式包括理论笔试、实操演练、营销策划、方案陈述等，决赛包括风采展示、个人必答题、综合比武、团队抢答环节，现场精彩纷呈，高潮迭起，展现了安徽公司一线客服人员的亮丽风采。大赛充分调动了各单位和参赛选手的积极性，5 月各单位启动多轮培训，7 月开展预赛实施首轮选拔，共有 214 名选手进入全省复赛。8 月组织现场复赛，共有 24 名选手脱颖而出进入决赛。本次大赛得到安徽省总工会的大力支持，大赛团体奖前三名的单位将推荐申报“安徽省五一巾帼标兵岗”称号。个人复赛排名前 6 名并在全国比赛中获得奖项的选手，择优推选 1 名申报“安徽省五一劳动奖章”。星级客服经理决赛前 4 名，语音客服、互联网客服、知识管理每个专业决赛前 2 名选手，推荐申报“全省女职工岗位建功成才行动先进个人”。这次举办的职工技能大赛既是职工技能水平的一次全面展示，又是对职工技能水平的一次实践检验，对于激发职工的创新能力，提高自身的综合素质具有重要的意义①。

二、维护女职工的合法权益和特殊权益

（一）女职工的合法权益和特殊利益的主要内容

女职工的合法权益是指女职工除了享受宪法及其他法律规定的公民、职工应当享有的同等权益外，还享有国家对妇女和女职工规定的其他各项权益，包括政治权益、文化教育权益、劳动权益、财产权益、婚姻家庭权益、人身权益。女职工的特殊利益主要和女性特殊生理特点有关，不宜从事重体力劳动，且有“四期”的生理变化，需要特殊劳动保护。

女职工的政治权益主要是指女职工有权通过各种途径和形式，管理国家事务，管理经济和文化事务，管理社会事务。工会女职工组织维护女职工的政治权益，主要体现在代表女职工参政议政，为女职工参政议政创造条件，组织女职工参与国家事务和企事业单位的民主管理，坚持在职工代表大会中保证女职工占有一定比例，并保证她们参与讨论企业生产、生活和企业改革等重大问题，以充分体现女职工的意愿。坚持在使用和提拔干部上的男女平等。

女职工的文化教育权益主要是指女职工依法享有的接受教育的权利和从事文学、艺术、科学技术和其他文化活动的权利。工会女职工组织维护女职工的文化教育权益，主要体现在积极为女职工提高文化技术素质创造条件，为女职工提供更多的学习、培训机会，全面提高女职工的整体素质。

---

① 案例选编自中华全国总工会女职工部网站，“安徽省总工会女职工委员会和安徽电信公司联合举办2016年客户服务技能大赛总决赛”。网址 http：//nzw. acftu. org/art/2016/9/9/art_ 1054_ 185902. html。最后访问日期：2016年9月14日。

女职工的劳动权益主要是指女职工依据《劳动法》等法律、法规的规定所享有的劳动权利。主要包括：平等就业和选择职业的权利；取得劳动报酬的权利；休息休假的权利；获得劳动安全卫生保障的权利；接受职业技能培训的权利；享受社会保险和保障的权利；提请劳动争议处理的权利。

女职工的婚姻家庭权益主要是指女职工在婚姻、家庭中所享有的法律规定的权利。工会女职工组织要通过多种形式，教育和帮助女职工学习和掌握相关法律，来维护自己的合法权益不受侵害，同时开展家庭文化建设活动，发挥女职工在家庭文明建设中的作用。

女职工的人身权益是指妇女依法享有的，与女职工自身不可分离的、没有直接财产内容的一种民事权利，包括生命健康权、人身自由权、姓名权、名誉权、肖像权等。工会女职工组织应积极参与调查处理侵害女职工人身权利案件，配合、督促有关行政、司法部门严格依法处理对女职工的侵权案件。

女职工的特殊权益是指女职工除享受国家规定的妇女应享受的合法权益外，还享受国家针对女职工生理、心理特点而制定的相关特殊保护措施，重点是对女职工的劳动保护。之所以强调女职工的特殊利益，主要是因为男女之间的生理差异，一方面女性的体质不宜从事重体力劳动；另一方面女性的生理机能决定了女职工有“四期”的生理变化。此外，现实生活中还存在着性别歧视的现象，这些都决定了女职工特殊利益的内容。

（二）维护女职工的合法权益和特殊权益的途径

维护女职工合法权益和特殊权益主要通过以下五个方面的途径来实现。

一是注重源头参与，建立女职工维权工作机制。各级工会领导机关的女职工组织要积极参与涉及女职工权益法律法规的制定与完善，通过组织中的人大代表、政协委员等积极反映女职工权益方面的突出问题；基层工会女职工组织要积极参与本单位集体合同签订工作，将女职工特殊权益纳入其中。

二是开展调查研究和法律监督，推动法律法规的贯彻落实。工会女职工组织对有关法律法规的贯彻落实情况要进行深入调查研究，及时准确地反映情况和问题，并在此基础上运用法律武器维护女职工的权益。

三是提高女职工的法律意识，增强女职工自我维权的能力。工会女职工组织必须把加强对女职工的普法教育作为一项重要工作内容，加大力度，采用多种方式向女职工宣传法律知识，增强女职工的法制观念。

四是整合社会资源，共同做好维护女职工权益工作。各级工会女职工组织在履行职责的同时，要加强与社会各方面的沟通，借助各方面的社会资源，积极探索社会化维权的新方式。

五是大力实施女职工“关爱行动”，努力为困难女职工办实事、做好事。

自 2016 年 1 月 1 日我国实施全面放开二孩生育政策以来，在教育、卫生、金融等女职工集中的行业或企业，一些女职工争先恐后要赶生育“末班车”，从而导致扎堆生育的现象频现。河南省的一部分用人单位为应对人手吃紧局面，制定出台了一些限制女职工生育的措施，如“错峰怀孕”“排队生子”等规定。这实际上严重侵犯了女职工的合法权益。为制止此类侵害女职工生育权益的行为，河南省总工会下发通知，要求各级工会依法维护女职工的生育权益。通知要求，各级工会要密切关注“全面二孩”政策下女职工生育权益遭受侵害等问题，坚决制止用人单位要求女职工排队怀孕、孕后转岗、降低工资等侵权行为，依法维护女职工的生育权、劳动权和休息休假权。通知要求各级工会行动起来，一方面摸底调查教育、卫生等女职工集中的行业或企业侵害女职工生育权益的现状；另一方面协调当地人社、安监、卫生计生等部门，一旦发现用人单位有女职工需排队怀孕、怀孕后被转岗、被降低工资、哺乳期被解除劳动合同等行为的，必须采取有效措施，坚决制止此类行为，依法维护女职工权益。通知一出，再次引发社会各界对“全面二孩”政策下女职工权益保障问题的关注。

（三）关爱行动

关爱行动是中华全国总工会针对女职工开展的帮扶工作，特别是针对零就业家庭、单亲家庭、患病女职工家庭生活困难的实际，帮助她们解决实际困难。为了推动党和政府保障和改善民生政策的落实，进一步加大对困难女职工的帮扶力度，全总女职工委员会于 2011 年 3 月正式启动实施女职工“关爱行动”。主要内容包括四项：一是特困援助；二是职业健康；三是子女助学；四是心理关怀。

特困援助以单亲困难女职工，家庭人均收入低于当地城镇居民最低生活保障线的女职工，因下岗、疾病、意外等原因造成生活困难的女职工为帮扶重点，解决她们在生活、医疗、就业、子女抚养及教育等方面遇到的困难，努力帮助她们解除后顾之忧。

重视女职工的职业健康，加大女职工体检的覆盖面，在女职工体检项目中，增加“两癌（宫颈癌、乳腺癌）筛查项目。对患特殊疾病困难女职工加大帮扶和医疗救助力度，并积极协助患病困难女职工通过工伤保险、社会保险等进一步解决困难。

开展“金秋助学”等活动，着力解决困难职工子女“上学难”“上学贵”的问题，对品学兼优、家境困难的职工（农民工）子女给予上学帮助，以成就广大“寒门子弟”的上学梦。

加强对女职工的心理关怀，通过开展心理疏导讲座和心理咨询活动，开展读书活动和才艺展、时装秀等丰富多彩的精神文化活动，着力提高女职工的心理素质，提高其适应能力和应对挑战能力。

三、女职工劳动保护

女职工劳动保护，是针对女职工的生理特点而进行的特殊保护，主要研究生产过程中劳动条件对女职工身体健康的影响，防止职业有害因素对女性生理机能的影响，保护女职工能够健康持久地从事生产劳动，适龄女职工能够孕育健康的下一代。

（一）女职工劳动保护的主要内容

除了保护女职工的劳动权利外，女职工劳动保护的主要内容是研究职业因素对女性生理机能的影响，从而有效避免女职工从事有害女性生理机能的工作，并做好“四期”保护。

职业因素是指在生产劳动过程中，由于职业特点所接触的工作环境及劳动过程中的各种因素，如噪声、高温、高频电磁场、有毒物质等，这些因素可能会对劳动者肌体的机能状态和健康产生一些影响。女职工劳动保护研究的主要是职业因素对女性生殖机能所产生的不良影响。据有关专家的调查，对母性机能及胎儿发育可能有不良影响的有害职业因素有 28 种①，这些有害职业因素超过国家卫生标准时，就有可能导致女性月经异常、自然流产、早产或危害到胎儿发育。

2012 年国务院颁发的《女职工劳动保护特别规定》附录的《女职工禁忌从事的劳动范围》中明确有害女性生理机能的工作包括：特别繁重的体力劳动、有发生恶性意外事故危险的作业和单一体位作业的劳动、有毒有害工种。

“四期”保护主要是针对女职工的经期、孕期、产期和哺乳期的劳动保护。这些时期是女性生理和心理变化的特殊时期，不仅需要维护其就业权利不受侵害，还要根据相应的生理期在工作岗位、工作环境、工

---

① 包括苯、甲苯、汽油、二硫化碳、甲醛等，详见中华全国总工会女职工部：《工会女职工工作概论》，中国工人出版社 2013 年版，第 81 页。

作时间、工作强度上做出特殊的安排，以保护女性的身心健康。

（二）当前女职工劳动保护面临的主要问题及原因

就目前的情况而言，不同所有制企业对女职工的劳动保护程度是不同的。在国有企业、集体企业中，由于工会组织比较健全，大部分企业能够按照《劳动法》的要求对女职工进行积极保护，但也有一部分企业是消极保护，一味追求企业的经济效益而忽视了劳动安全保护，致使女职工的合法权益受到侵害。而在非公企业中，由于工会组织的缺位，大部分企业对女职工劳动保护是一般性保护或者不予保护，甚至有部分企业侵害女职工的合法权益。

究其原因，一是在法律政策层面，细节仍需进一步的完善。比如，《女职工劳动保护特别规定》虽将“禁止性骚扰”写入法律，但如何鉴别性骚扰，如何取证和处罚力度的掌握都有待进一步诠释。二是在经济层面，还没有建立完善的生育成本补偿机制。依照现行的法律政策，生育成本主要由企业负担，但由于没有相应的社会补偿机制，企业在追求自身利益最大化的过程不断侵害孕、产期女职工权益形为时有发生。三是在女职工自身层面，保护措施不足。女职工的自我保护意识淡薄，自我保护能力不足，而作为“娘家人”的工会女职工组织的作用发挥又不平衡，滋长了企业经营者的不良行为。

第三节 社会工作在工会女职工工作中的运用

一、社会性别视角下的女性服务

在20世纪女性主义的运动浪潮中，与生理性别（sex）相对的社会性别（gender）概念应运而生，意指性别是由社会文化建构而来的。社会文化对男女的要求不同，于是按照这样的要求人们分别成长为男人和女人的样子①。长期以来在男尊女卑观念的影响下，女性社会地位低下，同时性别分工进一步限制了女性对劳动资料的接近和控制，女性的结构性从属地位由此产生和维持②。

（一）社会性别理论

“社会性别”一词由美国人类学家格·如本（Gagle Rubin）于1976年提出，这个概念的提出对女性主义的发展意义重大。这意味着对生理性别的批判，认为应从社会和文化的背景理解男性和女性。另外，社会性别的概念强调“后天”对“先天”的影响，认为正是价值观、社会制度和法律对女性的歧视造成了在文化、经济和政治领域对女性的压迫。要真正实现男女平等，就要创造一个平等的文化、建设一个平等的社会制度。

社会性别理论的主要内容包括社会性别差异、社会性别角色塑造和社会性别制度，认为长期存在的两性之间的不平等实质上反映的是一种权力关系，它深刻地贯穿在人类的政治、经济、文化、社会生活和家庭等一切领域。需要指出的是，社会性别理论是女性主义的核心和基本观点③。虽然女性主义的各个流派之间存在很多的分歧，但是却在两点上保持一致：一是性别由社会建构进而造成性别不平等：二是将工作目标设定为追求性别平等。

（二）女性的需求：实用性社会性别需求和战略性社会性别需求

摩塞用“社会性别需求”来定义女性需求，并将其划分为实用性社会性别需求和战略性社会性别需求。实用性社会性别需求是指在目前

---

① 佟新：《社会性别研究导论》，北京大学出版社2011年版，第4页。

② 埃里斯·杨：《超越不幸的婚姻——对二元制理论的批判》，转引自李银河主编：《妇女：最漫长的革命》，生活·读书·新知三联书店1997年版。

③ 刘霓：《社会性别——西方妇女主义理论的中心概念》，《国外社会科学》2001年第6期。

社会性别关系中，为履行现存社会性别角色而需要满足的需求、需要实现的利益，也可称为眼前的社会性别需求。战略性社会性别需求是指以改革现存社会性别关系，实现性别平等为目标而需要满足的需求。很显然，实用性社会性别需求更容易被识别和被满足，但单独满足这一类需求只会将女性在社会中的弱势地位延续下去，甚至某种程度上强化这种弱势地位，而不会促进社会性别平等。女性服务不应仅仅停留于满足女性的实用性社会性别需求，而是应该以此为切入点，满足战略性社会性别需求。

（三）女性服务的价值取向：家庭为本和女性为本

从传统文化规定的性别角色来看，女性主要承担生儿育女、家务劳动、赡养老人等任务，也即“家庭为本”。在这样的价值取向下，女性服务应该教育女性如何补救和发展这些基于家庭的角色，从而强化家庭功能①。但是在“家庭为本”的视角下，照顾家庭成为女性的个人问题，这不仅忽视了女性的个体需求而且也忽视了男性在家庭照顾中所应该承担的责任，从而造成了家庭内部权力的不平等。而“女性为本”的价值取向则尊重女性作为独立的个体而非从属于家庭②。在“女性为本”的视角下，女性服务应该关注女性自身的经验、知识和价值，关注女性自身的身份认同和自尊感，改善女性的结构性弱势地位，增进女性福利③。

一般说来，女性承担着家庭生活的主要责任，包括生儿育女、家务劳动、赡养老人等，但是女性并不能从中获取直接可支配的劳动报酬。尽管女性也参与工作和社会活动，但是其途径和待遇都受到限制并且不受重视。女性承担了以上三种角色，并为了平衡三种角色做出了巨大的

---

① 张李玺著：《妇女社会工作》，高等教育出版社 2008 年版，第 18 页。

② 郜宪达等：《社会性别视角下的妇女服务——对广东省妇女服务项目的分析》，《社会工作》2016 年第 2 期。

③ 张李玺著：《妇女社会工作》，高等教育出版社 2008 年版，第 18 页。

努力，应该受到认可和尊重。“女性为本”不仅强调女性服务要帮助女性解决现实的问题，也要以此为切入点让女性正视现存的性别分工，改善女性的从属地位，进而改变两性间不平等的权力关系，促进男女平等。

二、社会性别视角下的妇女社会工作

妇女社会工作是针对妇女的生理和心理特点，回应妇女需要、解决妇女问题而出现的一个社会工作实务领域。在没有引入专业社会工作之前，我国已经有了专门的妇女工作。“妇女社会工作”这个概念的提出，一方面是源于专业社会工作在我国的恢复和发展；另一方面是受到女性主义和社会性别思想的影响。

（一）社会性别视角下妇女社会工作的主要内容

在我国，妇女社会工作是以妇女为对象，运用社会性别视角以及社会工作专业价值理念和方法，在总结和提炼妇女工作实践经验的基础上，一方面着力解决妇女存在的特殊问题，满足妇女需要，维护妇女权益，促进妇女的社会福利与妇女发展；另一方面推动社会性别视角的普及和纳入决策主流，实现性别平等的目标。

从需求的角度分析，妇女社会工作的主要工作内容是为了满足两类需求：一是满足妇女的实用性社会性别需求；二是满足妇女的战略性社会性别需求，这两种满足体现了社会性别视角下解决妇女需求的眼前和长远的策略方向。

从工作内容上分析，妇女社会工作主要围绕三个方面展开，即解决妇女面临的实际困难、维护妇女权益和关注妇女的发展、倡导和促进性别平等与公正的机制建设。具体包括，婚姻家庭关系的调适，改善夫妻、婆媳和亲子关系；帮助解决单亲家庭的孩子教育问题、单身母亲的再就业问题；预防和解决婚姻暴力问题、拐卖及性侵犯问题；为妇女提供生理、心理健康咨询及援助服务；为妇女提供法律咨询服务，提高妇女的法律意识，维护妇女的合法权益等。

（二）妇女社会工作的主要方法

常见的社会工作方法有个案工作、小组工作和社区工作，这三种工作方法完全可以适用于工会女职工工作。

所谓妇女个案工作，就是指专业社会工作者以面对面的方式为妇女和家庭提供帮助与支持。具体说来，其内容包括妇女婚恋辅导、家庭关系调适、妇女健康指导、沟通技巧训练等。从需求的角度上来说，这种方法主要满足的是妇女的实用性社会性别需求；从价值取向上来说，这种方法基本是“家庭为本”的立场，认为妇女是家庭的主要照顾者；从服务目标上来说，主要是为了满足妇女精神健康和持家技巧的需要，为了促进和巩固家庭和谐。

所谓妇女小组工作，就是指专业社会工作者通过小组互动、小组经验、小组凝聚以及方案活动，达到小组中个人问题的解决、个人和小组的成长、社会目标的完成。具体说来，其内容包括妇女的职业培训、能力提升、兴趣爱好的培养、反家庭暴力等。从需求的角度来说，其服务内容不仅能满足妇女的实用性社会性别需求，还能满足妇女的战略性社会性别需求。比如，对单亲母亲家庭的小组工作项目，不仅可以解决单亲母亲在经济困难、子女教育方面的现实问题，还可以通过技能培训帮助单亲母亲提高就业能力，突破传统性别差异的束缚。从价值取向上来看，则开始站在“女性为本”的立场上，关注女性的自信、自尊、自我价值。从服务目标上看，既是为了促进家庭也是为了推动女性的个体发展。

所谓妇女社区工作，就是指专业社会工作者在通过发动和组织社区妇女参与集体行动，利用社区内外资源，有计划、有步骤地解决在社区范围内与妇女有关的问题；同时，积极培养社区的妇女领袖、妇女的互助精神和民主参与的能力。具体说来，其内容包括妇女自我成长意识的熏陶、妇女互助合作精神的推广、妇女合法权益的维护、男女平等的倡导等。于是，从需求的角度来说，其服务内容主要是为了满足妇女的战略性社会性别需求。从价值取向上来看，主要站在“女性为本”的立场上。从服务目标上看，主要是为了推动整个社区妇女的全面发展。

三、将社会工作引入工会女职工工作

（一）社会性别视角下的工会女职工工作

1995年，中国政府在联合国第四次世界妇女大会上，明确宣布“把男女平等作为促进我国社会发展的一项基本国策”。在中华全国总工会历年发布的《中国工会维护职工合法权益蓝皮书》中，也专门开辟了“促进社会性别平等和维护女职工特殊权益”的章节，将其作为发展和谐劳动关系的重要工作。但该章节的主要内容是对全总女职工部工作的描述。这体现出一种倾向，即在思维惯性和组织建制的影响下，劳动关系中的性别平等意识仅仅依靠工会女职工部的工作来体现，窄化为对弱势女性职工的特殊劳动权益保障，而并未上升到工会全局工作的高度①。

近年来我国颁布的《劳动合同法》《就业促进法》《社会保险法》《女职工劳动保护特别规定》等法律法规都在劳动就业领域强化了对女性劳动者的特殊关照和保障。但如果对女职工的特殊劳动保护范围过宽，有时反而成为对妇女不利的就业障碍。最典型的例子是20世纪三四十年代，国际劳工组织制定了有关限制妇女夜班工作的公约，但由于该保护范围设定得过宽，在实际中导致妇女被排除在某些行业外。一些学者认为，除了怀孕期间和生育子女外，妇女不能被排除在夜间工作的

① 蒋莱：《工会工作的社会性别主流化探索》，《工会理论研究》2013年第1期。

人员之外，因为夜间工作的风险对男女来说是相同的。国际劳工组织于1990年修订了该公约，改为禁止孕妇从事夜班劳动。为妇女提供特殊劳动保护，虽其本意是保护性的而非歧视性的，但如果保护的范围失当，过多过宽的话，反而会对妇女就业造成障碍，并在实际上产生一种对妇女的歧视作用。

工会作为职工的“娘家人”，有必要从社会性别主流化的高度推进性别平等理念的落实①，确保男女职工的平等受益。工会在社会性别主流化中的作用核心在于把社会性别纳入其代表和维护职工利益的活动之中。一是在工会系统中建立实现社会性别主流化的机制，包括强化领导层的社会性别意识，对工会干部和工会会员进行社会性别平等培训，重视职工代表大会代表的性别构成，以及加强和建立工会中性别平等机构等。二是推动、参与和监督国家和政府制定性别平等的法律和劳动力市场政策。三是在集体谈判中关注社会性别平等。四是在维护职工合法权益时注重男女职工的平等受益。

（二）工会女职工工作所面临的新挑战

1. 女职工群体的变化所带来的挑战

新中国成立至今，女职工群体已经发生了翻天覆地的变化。一是女职工队伍的人数剧烈增加。二是女职工就业的企业、行业及产业类型发生变化。在企业就业的女职工约有四成集中在私营企业；除了财贸轻纺烟草产业是接纳女职工就业的大户（约占两成）外，还有不少女职工在教科文卫体行业就业（占近一成）②。值得注意的是有近三成的女职工无明确的就业产业类型，这说明她们的就业处于模糊的、不稳定的状

① 社会性别主流化强调，必须确保两性平等是一切经济社会发展领域的首要目标。这一概念是于1995年在北京举行的联合国第四届世界妇女问题国际会议通过的《行动纲领》中明确的。

② 数据来源：《中国工会统计年报2010》，第5-10页。

态。三是女农民工人数的迅猛增加。作为农民工的组成部分，女农民工在外出务工的过程中不仅同样和男性处于弱势地位，而且由于性别原因面临着更加艰难的处境。这些变化使得女职工群体的分散性、多元性和复杂性加剧，女职工工作的难度增加。

2. 我国经济转型所带来的挑战

为适应国内宏观经济发展新常态，很多产业开始转型升级。在产业结构调整和转型升级的过程中，一些不能适应形势变化的职工被淘汰下岗。据中国社科院主编的《中国人口与劳动问题报告 No. 16——“十二五”回顾与“十三五”展望》报告分析，“十三五”期间产业结构调整或致几百万人下岗。而由于各种因素的影响，女职工又将是下岗失业的“重灾区”。如何应对大量增加的下岗女职工群体，以及由此所带来的婚姻问题、家庭问题、社会问题等，成为工会女职工工作的又一挑战。

3. 群团改革所带来的挑战

2015 年，习近平总书记在党的群团会议上指出，“新形势下，党的群团工作只能加强不能削弱，只能改进提高不能停滞不前”。根据中央和上海市委群团改革试点工作的部署要求，上海市总工会拿出了改革方案，不再独立设置女职工部，但明确“女职工工作是工会工作的重要组成部分，只能加强，不能削弱”。方案指出，要通过转变思想观念、调整运行机制和工作方式，打破女职工工作由一个部门封闭式运转的旧模式，着力构建举全会之力共抓女职工工作的新格局。随着各地群团改革的进展，部分地方选择不再单独设置女职工部，但是女职工工作却只能加强不能削弱，如何在办事机构缺位的情况下强化女职工工作，是工会工作的新课题。

目前工会女职工工作主要依靠行政架构开展工作，偏重管理，一部分工作人员缺乏系统、专业知识，再加上机构改革的背景下人员编制受到限制，这些不足难以回应现实中的女职工工作的需要。

（三）社会工作方法与工会女职工工作的结合

从社会性别的视角来看，妇女社会工作与工会女职工工作的理念有相通之处，而社会工作的专业方法也可以帮助工会更好地为女职工服务。

社会工作方法与工会女职工工作的结合方式有多种。一是通过社会工作的专业知识培训提高工会女职工工作者的社会工作方法和技能。上海市总工会依托女职工周末学校电大分校，举办工会女职工干部社会工作者培训班，组织女职工干部参加社会工作者国家职业资格鉴定考核。通过培训，工会女职工干部比较系统地学习了社会工作的理论知识，掌握了较为科学的工作方法。二是通过购买专业社会工作机构服务的方法提高服务水平。2015 年暑假，北京市总工会通过购买服务的方式，在一些单位和社区办起了暑期托管班，解决双职工家庭暑期无人照顾孩子的难题。三是工会通过灵活的方式设置专业的工会社工服务中心。2013 年，上海浦东新区总工会设立了上海浦东公惠社会工作服务中心，探索和实践工会购买社会服务，打破了工会工作行政化、内循环的运作模式，创新了工会服务职工的工作机制和服务方式。

在服务项目上，目前工会女职工社会工作的服务项目主要侧重于婚恋交友、家庭服务、心理健康等方面，在职业技能培训、就业服务、权益维护上也有一定的发展。以北京市为例，2016 年，北京市总工会共购买 64 项社会组织服务项目，其中 7 项是婚恋交友、9 项家庭服务、3 项文体活动、22 项心理健康（专门针对女职工的项目有 3 项）、15 项职业技能培训、2 项就业帮扶、5 项权益维护、1 项组织培育。

在工作方法上，妇女社会工作与工会女职工工作结合的核心是在社工理论指导下，将个案工作、小组工作和社区工作方法在工会女职工服务上创新运用。2013 年，中山市总工会推动成立中山市工会社工综合服务中心。通过几年的实践，中山市工会社工综合服务中心把社会工作的理念和方式方法融入职工服务中，成为社工机构参与工会领域社会服务的有效形式。一是运用个案工作方法，强化职工帮扶成效。比如针对特困女职工的帮扶需求，通过专业知识和技巧的运用，为女职工个人和家庭提供心理、物质支持与服务，帮助女职工个人和家庭减轻压力、解决问题。二是运用小组工作方法，传送工会关怀服务，支持女职工发展。小组工作“一对多”的服务，能解决具有同质性情况的部分女职工的社会问题，如单亲女职工家庭问题。通过小组工作能把工会对女职工的关怀放大化，是工会女职工服务的一种新形式。三是运用社区工作方法，促进女职工与企业互动发展。主要是将企业视为一个功能的社区，整合、运用好企业这个“社区”资源服务女职工，女职工也要在享受服务中树立奉献企业（社区）的责任感。

第十章　企业社会责任

在近些年，有关“企业社会责任”（Corporate Social Responsibility，CSR）的关注和讨论，已经成为我国社会各界的一个热门话题。现在已经越来越多的企业开始重视自身社会责任的履行问题。对于工会社会工作者来说，企业社会责任在一定程度上可以成为一个非常好的专业工作切入点。

第一节　企业社会责任：产生、发展和争论

一、企业社会责任的产生和发展

人们或许会简单地将企业社会责任理解为企业对慈善事业的参与，并由此将企业社会责任的源头追溯到 19 世纪甚至更早些时候。的确，在商业活动出现之后，就有不少企业家或商业活动家积极从事各种慈善活动。在 19 世纪，就有大量的企业家积极参与社区建设、兴办教育、捐助穷人等。不过，这些慈善活动并不能理解为是在履行某种企业社会责任，因为其行动主体不是企业，而是企业家个人或其家族。事实上，当时的人们对企业的社会责任或慈善活动的态度反而是消极的，认为在市场竞争的处境下，企业就是要专注于如何获得最大的利润，以回报其

投资者。而慈善活动，则不是企业所需要考虑的责任或义务，而是交由企业家个人的良知来决定是否履行。因此，企业社会责任与企业家的慈善行为是两个不同的概念。

一般认为，企业社会责任的概念最早是由美国学者谢尔顿（Oliver Sheldon）在1924年提出的，不过当时这个概念并没有引起人们的关注。到了1953年，另一学者鲍恩出版《企业家的社会责任》一书后，企业社会责任才逐渐广为人知①。而在这过程中，曾出现了三种支持扩大企业社会责任的观点②：第一种观点是“受托人观”，认为管理者是受托人，公司赋予他们相应的权力和地位，他们的行为不仅要满足股东的权益，而且要满足顾客、雇员和社会的需要。第二种观点是“利益平衡观”，认为管理者有义务来平衡那些与企业有关联的集团之间的利益，企业管理者就是各种各样的互相冲突的利益团体之间的利益协调人。第三种观点是“服务观”，认为企业有义务承担社会项目去造福或服务于公众，而管理者个人也可以通过成功地运营企业来减少社会不公、贫穷、疾病，从而为社会做出贡献。

在1963年，斯坦福研究所首次提出了另一个概念，即“利益相关者”概念，并明确指出“企业对界定清晰的利益相关者负有社会责任”。这一概念的提出，在很大程度上对企业社会责任的发展起到了进一步推动作用。利益相关者理论认为，企业的发展离不开各种利益相关者的投入或参与，因此企业发展追求的应该是利益相关者的整体利益，而不只是股东或某些利益主体的利益。至于企业的利益相关者，既包括了企业的股东、债权人、员工、消费者、供应商等，也包括了政府部门、本地居民、当地社区、媒体、环境保护主义者等压力集团，甚至有

① 李淑英：《企业社会责任：概念界定、范围及特质》，《哲学动态》2007年第4期。

② 陈宏辉、贾生华：《企业社会责任观的演进与发展：基于综合性社会契约的理解》，《中国工业经济》2003年第12期。

的认为还应包括自然环境、人类后代、非人物种等受到企业经营活动直接或间接影响的客体①。

从20世纪60年代开始，在美国开始形成了对企业社会责任的普遍关注，越来越多的企业开始参与到企业社会责任的履行队伍中来。到20世纪80年代以后，企业承担的社会责任项目范围不断扩大，有的企业甚至开始实施大范围的社会行动，涉及了教育、公共健康、就业福利、住房、城区改造、环境保护、资源保护、双职工家庭的婴儿护理中心等，而且在每一个领域，不同的企业所实施的项目多达几千个，同时涌现出了一批积极承担社会责任、主动关注利益相关者的利益要求的令人尊敬的企业。与此同时，衡量一个企业经营活动优劣的指标也从早期单纯的经济指标发展为综合性的"企业社会绩效指标"②。

进入20世纪90年代后，经济全球化进一步加强，但也暴露出了一些与跨国公司有关的"血汗工厂"问题，其中一个著名的例子就是美国牛仔裤制造商Levi-Strauss在类似监狱一般的工作条件下使用年轻女工的事实被曝光，该制造商为了挽救其形象，推出了第一份公司社会责任守则，紧接着，其他一些跨国公司为了应对激烈的全球化竞争，也纷纷效仿。在1997年，长期从事社会与环境保护的非政府组织经济优先委员会（CEP）成立认可委员会（CEPAA），在2001年更名为社会责任国际（SAI），并根据《国际劳工组织公约》《世界人权宣言》《联合国儿童权利公约》等国际公约制定了全球第一个企业社会责任的国际标准，即SA8000标准及其认证体系③。SA8000社会责任国际标准的具体

---

① 陈宏辉、贾生华：《企业社会责任观的演进与发展：基于综合性社会契约的理解》，《中国工业经济》2003年第12期。

② 同上。

③ 李淑英：《企业社会责任：概念界定、范围及特质》，《哲学动态》2007年第4期。

内容有[①]：禁止企业雇用童工、禁止强迫性劳动、必须为工人提供基本的医疗和健康福利、安全的生产环境、保障结社自由及集体谈判权利、严禁性别和种族等歧视、严禁对员工进行惩戒性措施、工作时间不得超过所在国规定（超过部分必须按照要求予以补偿）、保障工人获得的报酬不低于所在国最低薪酬标准，这9大要素的社会责任规范，旨在通过有道德的采购改善全球工人的工作条件。

二、企业社会责任的相关争论

作为一种经济组织，企业责任的内涵和外延究竟是什么？企业社会责任的出现究竟是企业责任的内在组成部分，是其传统的内涵和外延的发展，还是根本就是社会对企业的过度要求，从而是一种没有意义的额外负担，并可能会对企业组织的生存和发展造成负面影响？这种疑问以及由此带来的争论，一直与企业社会责任的发展并存。

经济学界就存在对企业社会责任或利益相关者理论的批评声音，其中最为著名的，莫过于1976年诺贝尔经济学奖获得者米尔顿·弗里德曼，在其20世纪60年代出版的一本著作中，他明确指出："企业有一个并且只有一个社会责任——使用它的资源，按照游戏的规则，从事增加利润的活动，只要它存在一天，它就如此……如果企业管理者接受这种（广泛的）社会责任的观念，而不是尽可能地为股东创造价值的话，那就几乎没有什么倾向能如此彻底地破坏我们这个自由社会的基础了。这种（利益相关者的）观点基本上是一种败坏社会的信条。"[②] 可见，弗里德曼是拒斥所谓的企业社会责任的观点，而认为企业只有经济责任。

---

① 刘瑛华：《从SA8000看国际企业社会责任运动对我国的影响》，《管理世界》2006年第6期。

② 陈宏辉、贾生华：《企业社会责任观的演进与发展：基于综合性社会契约的理解》，《中国工业经济》2003年第12期。

不过，经济学界也存在大量赞同企业社会责任的观点。比如现代企业理论中的综合性契约理论认为，企业是不同个人之间一组复杂的显性契约和隐性契约的交汇所构成的一种法律实体，在这种法律实体中，交汇的契约既有经营者与所有者之间的契约、经营者与雇员之间的契约，还有企业作为债权人与债务人之间的契约、企业作为供应商（或消费者）与消费者（供应商）之间的契约、企业作为法人与政府之间的契约等。这样，企业的行为实际上就成了一组复杂契约系统的均衡行为，这种复杂的契约系统的主体就是一系列目标不同且可能相互冲突的利益相关者①。

在指出企业是一种多方利益主体的综合性契约的法律实体后，这种综合性企业理论还特别指出了其中的契约存在显性契约和隐性契约之分。在理想状态下，契约的签订应该尽可能明确、具体、翔实，但是这在现实中是不可能的，因为契约的签订存在签订成本或交易成本，这包括了签订各方的信息收集和分析成本、彼此间不断讨价还价成本等，特别是对未来行动及其可能后果的信息，更是不可能得到的，因此各方之间只能围绕一些基本的、可以明确的问题达成显性契约，而更多的问题则通过隐性契约来对双方进行约束。这种隐性契约的内容则可能会随着时代的发展而变化，这其中包括了社会对企业的责任期待的内容。

接下来的问题是，企业社会责任对企业来说究竟有什么意义？这里至少存在两种相对的观点。一种观点可称之为“工具性观点”，其核心论点是企业之所以要承担社会责任、关注利益相关者的利益要求，是因为这样做将使企业变得更有利可图，可以将其作为一种实现企业经营目的的手段和工具。另一种观点则是一种“规范性观点”，其核心论点是不论企业的经营状况如何，它都有一种伦理性的社会责任，应当对利益

① 陈宏辉、贾生华：《企业社会责任观的演进与发展：基于综合性社会契约的理解》，《中国工业经济》2003年第12期。

相关者的要求做出恰当的回应。因此，它不是将关注利益相关者的利益要求当作一种手段和工具，而是超出对企业的成本——收益的分析逻辑。换言之，关注利益相关者的利益，本身就是企业的目的①。

也有一些争论的声音是来自法学界。反对方的观点是，企业社会责任这一提法有悖于企业的本质和企业法的传统，而且其含义不可识别，从而不能获得大家的一致认同，也就不能成为法律上可操作的概念。有学者曾总结指出，对企业社会责任的大部分批评，是因为它隐含着这样一种信念，即对于因企业所带来的众多困扰社会的问题，企业负有直接的责任，而且企业有能力单方面解决这些问题。但是这种信念是不切实际的。另外，也有学者认为，企业社会责任一词含义模糊，至少在法律意义上来说，单凭这一点它就失去了存在的意义，因此，企业社会责任只不过是一种宣传工具而已：它从没有对企业的行为标准做出过明确的、具体的描述，仅仅是充当企业、管理者及消费者团体之间相互斗争的武器罢了②。

韩国商法学者李哲松教授就反对将企业社会责任视为法律上的概念，乃至将其引入公司法，主要有三个理由③：其一，企业社会责任的说法有悖于企业的本质：因为企业是纯粹的营利性团体，如果将公司法引入企业社会责任，则很容易使公司法的架构逐渐变为公益性质，而当政治权力迎合一般民众对企业积累财富的反感时，这又进而成为制裁企业营利的借口。其二，企业社会责任的义务内容具有模糊性：企业社会责任的观点没有明确赋予企业任何明确的、具体的责任或义务，或者其中的责任或义务太具有模糊性，因此无法起到行为规范的作用。其三，企业社会责任的义务对象并不存在：对于社会责任向谁承担，谁可以作

① 陈宏辉、贾生华：《企业社会责任观的演进与发展：基于综合性社会契约的理解》，《中国工业经济》2003 年第 12 期。

② 卢代富：《国外企业社会责任界说述评》，《现代法学》2001 年第 3 期。

③ 同上。

为权利人请求履行这些义务等问题，企业社会责任理论迄今皆未给出令人满意的回答，而只是笼统地以消费者、一般大众、企业所属的社会等来回答，但这些笼统的集团是不能作为现实的权利人而存在的。

不过，也有赞同的声音。比如有学者就指出，企业社会责任是一个精妙的词汇，企业社会责任所指的内容，或许在不同人的心目中并非总是一致，有人可能仅仅把它看作慈善捐赠行为，也可能有人认为它指的是一种社会良心，但不管怎样，大量的拥护者共同地把它当作正当性的同义语，当然，也有少数人将它看作一种信义义务，或者是一种赋予商人的比赋予一般民众的行为标准要求更高的义务。这本身就表明该概念具有合理性。

虽然在企业社会责任的发展过程中存在这些争议，而且这些争议至今也仍存在，但是，从主导的趋势来看，企业社会责任已经深入人心。在当前，围绕企业社会责任的争议，与其说是企业社会责任该不该存在，是否具有合理性，倒不如说是企业社会责任究竟包含有哪些内容，这将是下一节讨论的主要内容。

三、企业社会责任的现状及其反思

从20世纪90年代起，有关企业社会责任的研究焦点已集中于跨国公司，特别是进入发展中国家的跨国公司。一些研究者认为，随着世界贸易、国际投资的增长和民族国家的退却，跨国公司已成为全球化阶段最强势的组织机构。因为具有全球化的活动范围和影响力，仅凭某一民族国家的政府，已经不能有效地对跨国公司进行监管了。而这又与发展中国家劳动密集型产业的迅速发展密切相关，后者为了争取投资，以极低廉的成本在国际资本市场进行竞争，跨国公司的国内承包商、供应商之间开展残酷的竞争，竞相削减劳动力成本，同时也带来了巨大的环境污染和破坏。有一份研究报告揭示了“血汗工厂”所导致的后果：

“（发展中国家）的劳工通常会报告遭受压榨，包括没有福利、拖欠工资、超时工作、性骚扰、强制性孕检、语言和身体的污辱、肉体惩罚和非法解雇等侵犯人权状况。在工厂经常可以发现伴随其父母一起辛苦劳作的童工，甚至承担有害其身心成长的工种。很多劳工反映不被允许休息，甚至不能饮食和饮水。”这种情形已经激起广泛的社会谴责、媒体批评、非政府组织的调查和消费者对跨国公司的抵制。此后，许多大型跨国公司对企业社会责任做出积极响应，并试图通过建立一套制度以避免损害环境、虐待劳工和牺牲供应链中承包商的经济利益①。

随着企业社会责任在世界范围取得基本共识，跨国公司对自己上下游生产和供应链条的督促，政府和社会各界对企业的监督，以及企业本身为了自身的发展以及争得社会合法性和社会声望的动力，共同推动了企业社会责任的发展和实践。

最后，我们对企业社会责任的产生和发展做一个总结，这里借用国内研究者李伟阳和肖红军②对企业社会责任缘起的一项综合性研究观点，他们总结出了九种原因或动力：

1. 企业社会责任源于自愿的慈善行为：这种观点将企业社会责任归结为企业家或企业在纯粹道德良知的驱动下支持公益慈善事业，其背后隐含了一种企业盈利目标与社会责任二元对立或权衡观。

2. 企业社会责任源于社会对企业行为的期望：这种观点将企业社会责任归结为社会对企业的期望，希望企业能够以负责任的方式参与解决社会问题，对经济、社会、环境的发展做出贡献。

3. 企业社会责任源于企业对社会的影响：这种观点认为，尽管企业作为一种经济组织，主要提供产品和社会服务，但是它们已经日渐对

① 林锡俊、菲利浦斯、叶克林：《CRS“品牌”：以企业社会责任提升国家形象》，《学海》2007 年第 3 期。

② 李伟阳、肖红军：《企业社会责任的逻辑》，《中国工业经济》2011 年第 10 期。

我们社会生活的方方面面产生了直接或间接的影响，特别是大型企业的出现，已经大大改变了传统的企业作为经济组织对社会产生的狭窄影响局面，这样，企业就应该就自己对社会产生的影响做出回应，承担起责任和义务。

4. 企业社会责任源于对契约精神的遵循：这种观点遵循的是新制度经济学中有关企业的契约理论，认为企业是一组契约的联结点，这组契约包括企业与管理者、员工、所有者、供应商、客户及社区等利益相关方之间的契约，由此企业成为“所有利益相关方之间的一系列多边契约”，利益相关者理论要求企业不仅仅追求“股东利润最大化”目标，而且应同时关注和考虑所有利益相关方的利益要求，这就是企业的社会责任。

5. 企业社会责任源于社会权利与社会义务的匹配：这种观点的代表理论是企业公民理论，认为企业如同自然人一样，是社会中的公民之一，社会为其生存和发展提供了相应的资源并赋予其一定的公民权利。那么，企业就必然要像公民一样履行与这项权利相对应的义务，即需要承担相应的社会责任。

6. 企业社会责任源于企业对社会压力的回应：这种观点在逻辑上就完全从企业自愿的道德追求转向自利选择了，其问题在于它完全抛弃了道德维度，某种意义上也就抛弃了企业社会责任概念，而只是体现企业风险管理的“工具理性”而已。

7. 企业社会责任源于企业对社会风险的管理：这种观点认为企业社会责任是内在于企业管理之中的，是用以应对企业在经营过程中可能遇到的社会和环境风险的有效工具与方式，这种企业社会责任观转向了管理维度和企业自利选择方面，也基本抛弃了道德维度，而完全体现为企业全面风险管理的“工具理性”。

8. 企业社会责任源于企业对综合目标的平衡：这种观点认为，企业的目标既包括了为私有利润服务，也包括了为公共利益服务，这种综合性的目标也就必然要求企业承担社会责任，其中比较著名的代表就是“三重底线”模型，它要求企业致力于实现盈利目标、社会目标和环境目标的平衡，认为企业成功运行至少需要满足财务目标的盈利底线要求、社会目标的社会公正底线要求和环境目标的生态环境保护底线要求。

9. 企业社会责任源于企业对最大化社会福利的贡献：这种观点的关注视角从企业转向了企业与社会的互动，即企业有基于社会价值本位改进行为方式的意愿、社会期望企业选择基于社会价值本位的更优行为方式。

第二节　企业社会责任的内容

尽管对于企业是否应该履行社会责任问题，社会已经基本达成了共识，但是对于企业社会责任的具体内涵和外延，则仍然存在各种观点的纷争，正如学者斯特瑞耶所指出的那样：“由于企业社会责任概念是变化着的——依社会寄予企业的新的期望而在社会生活中不断进行调适，因此，仅凭一份企业社会责任名目表，并不能提供一个合适的企业社会责任定义。”①

因此，斯特瑞耶还对企业社会责任预设了三个构成要件：（1）灵活性，即企业社会责任的定义必须能够适应社会的需求以及社会对企业期望的不断变化；（2）外部性，即企业社会责任的定义必须由企业界的局外人来赋予，而不应由企业界的业内人士向社会公众提出，这样才

① 李淑英：《企业社会责任：概念界定、范围及特质》，《哲学动态》2007年第4期。

能让“企业社会责任”这一概念具有公正性和合理性的内核；(3)合理边界的存在，即企业社会责任的定义必须承认和尊重企业的其他责任形式，不能将企业社会责任界定为压倒其他一切的企业责任形态①。

根据这一要求，在本节中，我们有选择地介绍几种具有代表性的观点。

一、美国经济开发委员会的企业社会责任界定

在1971年发布的《商事公司的社会责任》报告中，美国经济开发委员会明确表示：“企业的职责要得到公众的认可，企业的基本目的就是积极地服务于社会的需要——达到社会的满意。”报告用三个同心圈、两个大类来对企业社会责任这一概念的外延加以描述②。

同心圈的最里圈是企业必须有效履行的经济职能方面的基本责任(见图1)，如产品、就业以及经济增长等；中间一圈包括企业在执行经济职能时，对社会价值观和优先权的变化应采取积极态度的责任，如尊重员工、对消费者负责和保护环境等；最外一圈则是指那些新出现的尚不明确的责任，它要求企业必须自觉地参与到改善社会环境的活动中来。

美国经济开发委员会还把企业社会责任行为区分为两个基本类别：其一是纯自愿性的行为，即由企业主动实施且企业在实施中发挥主导作用；其二是非自愿性的行为，这些行为由政府借助激励机制的引导，或者通过法律、法规的强行规定而予以落实。

在企业社会责任的具体内容上，《商事公司的社会责任》报告列举出了58种旨在促进社会进步，要求公司付诸实施的行为，一共涉及10个领域：(1) 经济增长与效率；(2) 教育；(3) 用工与培训；(4) 公

① 李淑英：《企业社会责任：概念界定、范围及特质》，《哲学动态》2007年第4期。

② 同上。

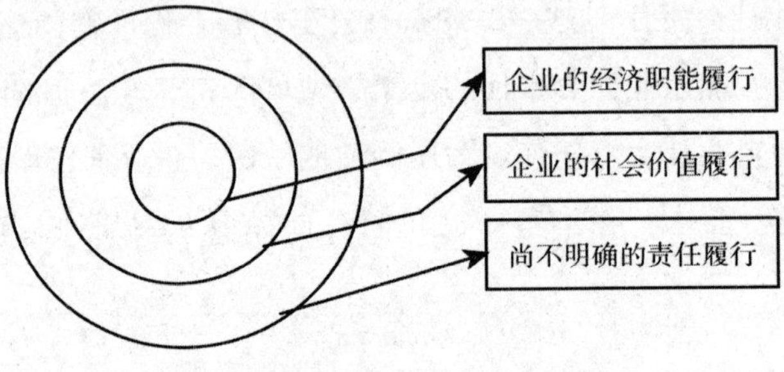

图1　企业社会责任的同心圈模型

民权利与机会均等；（5）城市建设与开发；（6）污染防治；（7）资源保护与再生；（8）文化与艺术；（9）医疗服务；（10）对政府的支持。

二、卡罗尔的企业社会责任金字塔

美国企业社会责任专家阿尔奇·卡罗尔（Archie B. Carroll）对企业社会责任内涵和外延的界定具有很大的影响力。他首先给出了一个代表性的定义，认为“企业社会责任意指某一特定时期社会对组织寄托的经济、法律、伦理和自由决定（慈善）的期望”[①]。卡罗尔认为，企业社会责任是社会寄希望于企业履行的义务：社会不仅要求企业实现其经济上的使命，而且期望其能够遵守法度、重伦理、行公益，因此完整的社会责任（Total Corporate Social Responsibility）是企业经济责任（Economic Responsibility）、法律责任（Legal Responsibility）、伦理责任（Ethical Responsibility）与其自主决定履行与否的责任（或慈善责任）（Discretionary/Philanthropic Responsibility）的总和[②]。

卡罗尔还用一个四个层次的金字塔图形对企业社会责任给以形象的说明（见图2）：经济责任是企业的基本责任，处在金字塔的最底部；法律责任处于第二层，是社会关于对错的法规集成，企业只能在法律的约束下进

① 李淑英：《企业社会责任：概念界定、范围及特质》，《哲学动态》2007年第4期。
② 卢代富：《国外企业社会责任界说述评》，《现代法学》2001年第3期。

行活动；伦理责任处于第三层，它是虽未上升为法律但企业应予履行的义务，要求企业避免或尽量减少对利益相关者利益的损害；慈善责任位居金字塔的最高层，它表达了社会要求企业成为出色的社会公民的愿望。

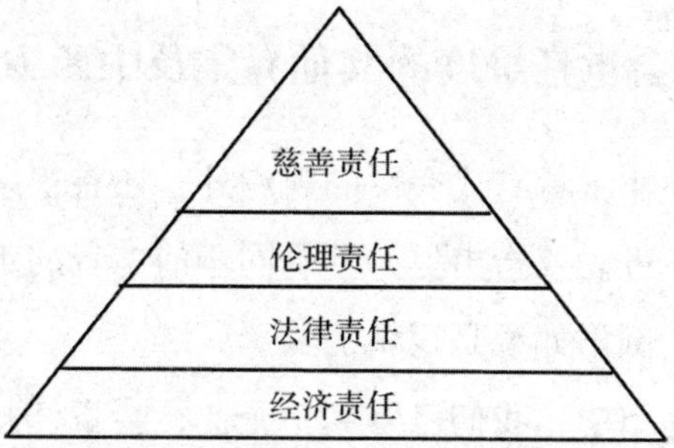

图 2　企业社会责任的金字塔模型

卡罗尔进一步指出，经济责任反映的是企业作为营利性经济组织的本质属性，尽管把经济责任作为社会责任对待似乎有悖传统，并似乎有些奇怪，但事实上本该如此。因为使企业成为营利性的经济组织，是资本主义制度的内在要求，而让企业尽可能营利，又是自由企业制度的应有之义。因此，在理解企业社会责任时，不能像有些企业管理者和学者那样，将企业的经济功能与企业的社会功能对立起来，而应把它们作为相互匹配、相互补充的两个方面，共同纳入企业社会责任的框架之中。卡罗尔还指出，社会允许企业通过生产、销售产品以赚取利润，造就并维持着我们的经济制度，但是企业对利润的追求并非无所限制，社会同样要设置一定的规则和法律，企业只能在法律的约束下实现其经济职能，这样也就有了企业的法律责任。企业法律责任在某种意义上就是编辑成典的伦理，因为它包含着正义这一基本的伦理道德观念。与企业法律责任不同，企业伦理责任是未上升为法律但企业应予履行的义务，它包含了更为广泛的企业行为规范和标准，这些企业行为规范和标准体现了对消费者、雇员和当地社区心目中的正义价值观的全面关注，也反映了尊重和保护股东权利的道德精神。至于所谓的由企业自主决定其履行与否的责任（或企业的慈善责任），卡罗尔则认为，这是指企业参与非强制性的或者非由法律和伦理所要求的社会活动的义务，其背后的理念是，企业应按社会的要求，成为出色的法团公民①。

三、企业社会责任维度的其他界定及中西方比较

除了上述两种非常具有代表性的观点外，还有很多其他观点。这里不再一一列举，不过需要指出另一种不同于前二者的观点，这种差异与其说是内容上的，倒不如说是逻辑上的。

在前二者的介绍中，我们已看到，企业社会责任相对来说是一个综合性的概念，把经济责任、法律责任等内容都融入其中。但是也有人对这种逻辑提出批评，认为应该把这几种责任并列起来，而它们共同构成了“企业责任”。按照这个逻辑，有学者就指出，应该将企业责任划分为四种：企业经济责任、企业法律责任、企业道德责任和企业社会责任②。

考虑到不同国家的经济和社会发展水平差异，以及法律、文化和社会风俗习惯等差异，不同国家的企业社会责任不尽相同。简单地来说，发达国家的企业可能会包含有更多的、更高层次的社会责任，比如承担对员工职业生涯规划的责任，负有对社区和周边地区的教育、文化和社会参与的职责等；但是对于落后国家来说，社会责任的层级可能更低些，比如还停留在尽可能给员工以合理的劳动条件和工资、不拖欠工资、不污染环境等。所以，国内研究者徐尚昆和杨汝岱③曾专门对当前我国的企业社会责任的维度进行过系统整理，并与西方目前主要的企业社会责任的维度进行了比较。

---

① 卢代富：《国外企业社会责任界说述评》，《现代法学》2001 年第 3 期。

② 同上。

③ 徐尚昆、杨汝岱：《企业社会责任概念范畴的归纳性分析》，《中国工业经济》2007 年第 5 期。

中西方企业社会责任维度对比表

共有的维度	
西方企业社会责任维度	中国企业社会责任维度
经济责任	经济责任
创造财富和利润	提高经济效益、创造财富
为社会提供有价值的产品和服务	有效率的提供合格产品和服务
经济增长与效率	促进国家和地方经济发展
确保企业可持续发展	企业可持续发展
	强调技术与创新
法律责任	法律责任
在法律允许的范围内经营	遵守国家各项法律法规/合法经营
	纳税
环境保护	环境保护
不应以环境的恶化和生态破坏为代价	加强环保，减少污染
对环境和生态问题承担治理的责任	加强环境污染治理
环境保护	节约资源，提高资源利用率
顾客	客户导向
产品、服务的质量	产品质量和安全
产品使用过程中的消费者安全	质量是企业之本
不提供虚假广告，信息公开	消费者权益
	货真价实
员工	以人为本
员工健康与工作安全	安全生产与职业健康
员工技能开发与培训	员工学习与教育
身心健康与工作满意、意义感	禁用童工
发展和晋升机会	员工合法权益、福利、保险
保障体系以及稳定的收入	最低工资标准及工资及时发放
	工会、人权
社会捐赠、慈善事业	公益事业
积极开展慈善活动	捐助和慈善事业
积极参与慈善事业	支持和参加社会公益事业
关注社会弱势群体	关心弱势群体、希望小学
支持教育和文化艺术事业	

续表

独特的维度 西方独有的企业社会责任维度 股东 为股东创造利润 信息透明、防治交易腐败 保护中小股东利益 完善治理结构 平等 种族平等（种族歧视） 性别平等（性别歧视） 弱势群体机会平等 地区发展机会平等（垄断）	中国独有的企业社会责任维度 就业 增加就业机会 安排下岗失业人员 缓解国家就业压力 给残疾人提供就业岗位 商业道德 遵守商业道德 诚信经营、守合同 社会稳定与进步 保证社会稳定与和谐 服务和回馈社会、促进社会进步 支持文化科教事业 爱国主义、促进国家繁荣

从表中可以清楚地看到，一方面企业社会责任的内容具有很多的共性，尽管可能在细微的表达上会有所差别，但另一方面也反映出，由于我国仍处于发展中国家水平，在一些项目上仍然处于发展当中，因此有些标准还可能偏低。就以西方的“员工”与中国的“以人为本”的比较为例，在我国，还在强调“禁用童工”“最低工资标准及工资及时发放”等问题，但在西方国家，已经强调员工的“发展和晋升机会”“保障体系以及稳定的收入”等问题了。另外，与我国当前处于社会转型时期的特点有关，企业社会责任中还有西方所不具有的“社会稳定与进步”维度和“就业”维度，企业同时要承担起“增加就业机会”“安排下岗失业人员”“缓解国家就业压力”，以及“保证社会稳定与和谐”等社会责任。

第三节　我国企业社会责任现状与工会社会工作介入

一、市场化改革带来的企业社会责任问题

在改革开放以前，我国城镇中的企业在所有制上基本是以公有制为主体，尽管当时工资收入比较低，但是企业中各种福利补贴占据了很大比例，对很多职工家庭来说，企业提供的各种非工资收入，大大缓解了家庭的经济压力，而且当时整个国家处于经济发展的较低水平，由于城市与乡村相比具有相对的经济和社会地位优势，以及城镇内贫富分化程度较低等原因，所以当时企业内也不存在改革后的那种紧张的劳动关系。更何况，当时企业中的劳动关系，主要还是一种行政关系，各种企事业单位（尤其是国家机关和国有企事业）基本上是国家政权机关在基层的延伸，它们不仅要履行自己的本职职能，比如国有企业单位需要履行自己的经济职能，而且还要履行各种社会和行政（或政治）职能，所以当时城镇国有部门往往被称为“单位”，这种城镇体制被称为“单位制”。在单位制下，各个单位是一种综合性组织，发挥了政治、经济和社会等各种职能，这后来被批评为“企业办社会”“政企不分”现象。不过，在这种情形下，企业社会责任问题也就不会凸显出来，因为当时的企业甚至都不能成为严格意义上的企业，本身就是一种综合性组织，履行了各种职能，承担了各种责任。

而改革开放以来，企业改制以及非公企业的兴起，使得我国劳动关系已经从行政主导向市场主导转变，而在这过程中，由于市场体制不健全，特别是法律体制的不健全，加上在急剧转型下社会环境也不完善的

情况下，大量的经济、社会、环境等问题开始显现。

首先是劳动关系的紧张。这一方面来自国有企业改制导致的上千万职工下岗失业所带来的问题，这些下岗职工主要因为国家产业结构的调整而被迫下岗失业，而且通常难以实现正规的再就业，同时还面临着社会保险的接续和缴纳等问题；另一方面来自非公企业的兴起所带来的劳资矛盾，特别是在加入世界贸易组织之后，我国成为“世界工厂”，发展了大量劳动密集型产业，而这些产业作为整个价值链的生产终端部分，利润空间已经非常有限，再加上来自跨国公司的利润挤压，则使得作为供应商的大量中小型企业的劳资关系变得非常恶劣，甚至出现了不少“血汗工厂”。这种劳动关系的紧张状态最明显地反映在国家统计部门提供的相关数据上。

据《中国劳动统计年鉴（2006）》的数据显示：从1996年到2005年的10年间，劳动争议的案件数从4.8万件增长到31.4万件，年平均增长率23.6%；参与人数从18.9万人增长到74.4万人，年平均增长率18.4%；其中，集体劳动争议案件数及参与人数，也分别从0.3万件和9.2万件，增长到1.6万人和41.0万人，年平均增长率分别是23.5%和22.1%。

除了劳动关系紧张外，伴随着30多年来经济快速增长的问题，还包括环境污染、产品假冒伪劣、偷税漏税、贪污受贿等问题，而这些问题都是与我们前面所指出的企业社会责任相悖的。也正因如此，这些年来，对企业社会责任的呼声越来越高，如何尽快提升我国企业社会责任也变得越来越迫切。

二、我国企业社会责任履行现状和问题

目前缺乏一个比较全面的、权威的数据结果，来反映我国企业社会责任履行现状，因此我们只能介绍国内研究者的几项调查结果，以间接

反映我国企业社会责任的现状和问题。

中国企业家调查系统[①]曾组织实施了“2006 年中国企业经营者问卷跟踪调查”，该调查主要是针对以企业法人代表为主的企业经营者群体，当时收回有效问卷 4586 份，调查结果显示：

1. 企业经营者普遍认同“优秀企业家一定具有强烈的社会责任感”，企业在创造利润的同时，也在为社会创造财富，促进国家的发展。

2. 企业经营者认识到企业履行社会责任对企业的持续发展非常重要，并认为近年来企业社会责任意识在不断提高。

3. 企业经营者高度认同企业履行经济、法律、伦理、公益四个方面社会责任的重要意义，其中，对经济责任认同度最高，其他依次为伦理责任、法律责任、公益责任；对股东、员工等内部利益相关者的责任意识高于对客户、社区等外部利益相关者的责任意识。

4. 大中型、上市公司、盈利、处于成长阶段的企业的经营者对企业社会责任的认同程度相对较高；另外，学历比较高的企业经营者对企业社会责任的认同程度也较高。

5. 大多数企业经营者较关注履行社会责任的成本，69. 7%的企业经营者同意“履行企业社会责任会增加企业的成本”；还有部分企业经营者（占 40. 8%）认为，社会责任是企业发展到一定阶段才能顾及的事；在企业经营者看来，企业履行社会责任的首要动因是“提升企业品牌形象”，其他被选项目按照比重从高到低的顺序依次是“为社会发展做贡献”“获得政府认同”“建立持续竞争优势”“树立企业家个人形象”“实现企业家个人价值追求”等。

6. 目前企业不履行社会责任的表现主要是“污染环境”“制造销售假冒伪劣产品”“偷税漏税”“不正当竞争”“发布虚假广告欺骗消费

---

① 中国企业家调查系统：《企业家对企业社会责任的认识与评价——2007 年中国企业经营者成长与发展专题调查报告》，《管理世界》2007 年第 6 期。

者”“拖欠货款”“拖欠或压低员工工资”“不顾员工的安全和健康”“商业贿赂”等。而之所以出现这些问题，企业经营者认为，“缺乏良好的社会诚信环境”是首要外在原因，因此，要促进企业更好地履行公益责任，不仅需要提高企业自身的经济实力，提高企业经营者的社会责任感，而且需要健全相关制度，创造良好的社会文化环境和舆论环境。

另一项针对中国上市公司100强所进行的企业社会责任的信息状况披露调查分析发现①：中国企业社会责任整体水平低下，发展指数平均仅为31.7分，五分之一的企业刚刚“起步”，超过五分之二的企业仍在“旁观”；中国企业责任管理落后于责任实践，在责任实践中市场责任领先于社会责任和环境责任；中央企业、国有金融企业的社会责任指数远远领先于民营企业、其他国有企业和外资企业；电网、电力行业处于相对领先地位，通用设备制造业、食品、第一产业、纺织业等行业还处于“旁观”阶段。以与员工相关的企业社会责任信息的披露为例，57.4%的企业披露了“员工培训”信息，44.7%的企业披露了“安全生产”信息，22.3%的企业披露了“员工伤亡人数”信息，至于“员工满意度”和“员工流失率”的披露则分别只有3.2%和5.3%。

另外，也有研究者专门针对浙江的民营企业做过调查②，结果显示：现阶段民营企业的社会责任意识仍处于初级阶段，他们对企业法律责任的认同要高于对企业伦理责任和慈善责任的认同；此外，民营企业的社会责任行为并不出于单纯的利他动机，而是具有一定的战略意识，即将企业社会责任作为企业发展的一项战略布局，帮助推动企业的发展壮大。

---

① 黄群慧、彭华岗、钟宏武、张蒽：《中国100强企业社会责任发展状况评价》，《中国工业经济》2009年第10期。

② 陈旭东、余逊达：《民营企业社会责任意识的现状与评价》，《浙江大学学报（人文社会科学版）》2007年第2期。

三、企业社会责任与企业社会工作的介入

因为企业社会责任本身所包含的理念和内容，与企业社会工作的理念和内容具有较高的共同性：对员工（及其家庭）的工作、生活和发展的全面关怀，对企业所在社区的融入，对消费者的质量和服务承诺，对环境的保护，等等。因此，企业社会工作者在企业中积极参与推动企业社会责任，是一个非常好的工作切入点。在本部分中，我们的介绍重点不是社会工作介入的具体专业手法和技巧，而是如何参与设计一项完整的企业社会责任推行方案。

国内研究者钟宏武曾经对日本企业推行企业社会责任的方案有过非常翔实的介绍，在此处，我们把他的方案介绍援引过来，因此，以下有关方案的介绍，主要来自钟宏武①的研究：日本企业主要从理念、组织和实践三个方面来推进企业社会责任（CSR）：在理念方面，关键目标是获得高层对企业社会责任的认知和支持；在组织方面，是建立组织体现支持 CSR 的活动；在实践方面，关键点是员工对 CSR 的理解和实践。

具体每个阶段的推动方案如下：

（一）阶段一：挖掘企业社会责任理念

1. 企业社会责任信息收集：通过大量收集相关信息，让企业负责人，至少是企业社会责任负责人，对于企业社会责任的基本含义和发展趋势有一定的认识和理解，并将企业社会责任担当者所获得的信息扩大渗透到经营管理层、业务部门、员工等企业内部利益相关方中去，然后付诸实践。

2. 形成企业特色的责任观：为使员工更好地理解和贯彻企业社会责任，需要挖掘企业文化中的责任 DNA，形成符合企业战略、业务和

① 钟宏武：《日本企业社会责任研究》，《中国工业经济》2008 年第 9 期。

文化特色的社会责任观。具体做法上，第一步是回到原点，日本企业系统梳理了创始人及历代领导人的责任理念，结合最新的企业社会责任动向来加以改进，形成了具有企业特色的责任观。例如，理光提出的“三爱”（爱国家、爱友邻、爱工作）、NEC的“自然（Nature）、教育（Education）和社区（Community）”、三井物产的“良心仕事”等。第二步是重构MVV，即重新整理企业的使命（Mission）、愿景（Vision）和价值观（Value），强化社会责任内容。例如，三井物产以“致力创造一个地球居民梦想的美好未来”为使命，以客户的全球商业伙伴为愿景，以光明正大、以人为本、挑战与创新为价值观。

3. 绘制企业社会责任发展路线图：企业根据自己的实际情况，制定本企业社会责任的发展规划，并以此为基础，绘制企业社会责任的发展路线图，指导每年企业社会责任的具体实践。

（二）阶段二：建立企业社会责任组织和保障体系

1. 建立企业社会责任组织体系：日本企业的社会责任推进体系一般是“CSR推进委员会+CSR推进部”的架构。CSR推进委员会是一个社会责任的高层管理和协调机构，一般由总裁亲自负责，成员包括各副总和业务部长；CSR推进部则是一个日常办事机构，典型的社会责任推进部的内部组织包括业务规划室、环境管理室、社会贡献室、责任沟通室。每个月社会责任部都要召开“CSR推进担当者会议”，讨论企业社会责任如何与各业务、各部门的具体工作相结合，如何有效地推广社会责任工作。

2. 建立企业社会责任规章制度：企业制定“企业社会责任宪章”，以及与宪章相适应的“集团行动标准”。日本企业除了出台企业社会责任总体政策以外，还分别出台了社会贡献政策、环境政策、员工行为守则、供应链责任采购守则等，使企业社会责任能切实与企业的日常经营相结合。

3. 探索建立企业社会责任的考核体系：如果社会责任不落实到定量考核层面，就容易走向虚化，只是目前建立这样的体系比较困难，特别是往往难以落到个人层面，而只能落到部门层面。

（三）阶段三：融入实践

1. 全员社会责任培训：宣导、培训、提升员工的社会责任理念是企业社会责任推进工作的重点。以三井物产为例，社会责任培训是一项全员参与的工作。三井物产给每个员工都发了两本特殊的企业社会责任教材：一本是《三井之魂》，系统梳理了创始人及历代领导人的责任理念；另一本是《DPF 的警示》，记录了 DPF（柴油发动机汽缸过滤器）事件的全过程，要求员工时刻谨记这个教训。为了使社会责任与日常工作紧密结合，2006 年，三井物产组织公司所有员工（6000 多人）参加了名为“良心仕事——我们的过去、你们的未来”的讨论，每个人都要结合自己的工作进行发言，以此普及知识、深化认识。此外，企业还有合规培训周、社会责任月度讲座、社会责任轮训等项目，各种高密度、互动性、创新性的责任培训实现了公司全员、全方位、全过程的覆盖。

2. 推动业务部门参与企业社会责任实践：要求各部门和分支机构在制订各自的长远规划和年度计划时也要全面考虑企业社会责任的相应内容。仍以三井物产为例，在企业社会责任部门的推动下，采购部门在 2007 年 11 月出台了供应链责任采购标准；另外，工会与人力资源部在公司总部大楼底层先后建立了超市和幼儿园以方便员工，显著提升了员工士气，增强了企业凝聚力。

3. 尝试利益相关方参与机制：引入了类似西方的社会责任对话机制，邀请外部社会责任专家、大学教授、环境组织和社会团体代表与企业高管对话，就企业社会责任报告和社会责任工作提出意见和建议。

4. 发布企业社会责任报告：在 2003 年以前，日本大企业大多发布了环境报告，此后，纷纷更名为“社会·环境报告”“可持续发展报告”“企业社会责任报告”等。此外，还有越来越多的企业开始使用企业社会责任网页、分发宣传册、举办恳谈会等多种形式，向企业内外积极公开诸如环境、法律遵守、公司治理、人权、社会捐赠等多方面的企业社会责任活动。

以上是研究者钟宏武所概括出来的日本企业推进企业社会责任的具体方案和步骤，虽然我们不能完全照搬，但还是值得我们借鉴的。反观我国目前的情况，我国先进企业的企业社会责任概念仍较为理论化、过于抽象复杂，不便于传播和理解，因此应该像日本企业那样，鼓励企业回到原点，总结各自企业的社会责任发展历史，找到自身社会责任的原点，再结合企业战略发展和业务特点，挖掘出生动具体、简单明了、独具特色的企业社会责任观①。

---

① 钟宏武：《日本企业社会责任研究》，《中国工业经济》2008 年第 9 期。

后 记

本教材是数位作者合作的结果，具体分工情况如下：

第一章：陈紫葳，北京市朝阳区惠和社会工作服务中心高级项目主管，助理社会工作师；

第二章和第七章：陈佳，香港大学社会工作与社会行政博士候选人，助理社会工作师；

第三章和第十章：吴建平，中国劳动关系学院工会学院副教授；

第四章和第五章：崔思凝，北京大学社会学（社会政策方向）博士候选人，助理社会工作师；

第六章：吴骏，广西科技大学研究实习员，助理社会工作师；

第八章：叶鹏飞，中国劳动关系学院工会学院副教授；

第九章：岳玲，中国劳动关系学院工会学院副教授。

主编对各章进行了审阅和统稿。

感谢中国劳动关系学院工会学院杨冬梅教授、刘元文教授等诸位领导和同人对教材出版的鼓励和支持，同时也感谢中国工人出版社责任编辑的辛苦工作。

编 者

2017 年 5 月